现代有轨电车运行控制
模型与算法

姜　梅　郭孜政　张　骏　鄢红英　著

科学出版社

北　京

内 容 简 介

本书建立了一整套适应现代有轨电车管理运营特点的控制模型及算法，主要包括客流自适应排班模型、基于历史客流数据的站点乘降量预测模型、交叉口协调控制模型及运行自适应调整模式。其中，乘降量预测模型及自适应排班模型可根据历史数据不断更新和预测站点客流量，从而确定到发站时间，并制定较为精确的时刻表；交叉口协调控制模型可兼顾交叉口整体通行效率和减少有轨电车延误两个方面；运行自适应调整模式主要通过消除速度偏差来实现实际运行状态与运行图编制计划的切合，减少延误的累积。本书在大量实地调研的基础上，结合当前最新研究成果，对现代有轨电车的运行控制模式做出了一些创造性的思考，并提出相应的解决方案，以期为城市轨道交通的发展提供些许参考。

本书适于交通类高校师生、政府交通管理部门和轨道交通相关从业人员等阅读参考。

图书在版编目(CIP)数据

现代有轨电车运行控制模型与算法 / 姜梅等著. — 北京：科学出版社，2017.8

ISBN 978-7-03-053952-6

Ⅰ.①现… Ⅱ.①姜… Ⅲ.①有轨电车-运行-控制系统 Ⅳ.①U482.1

中国版本图书馆 CIP 数据核字（2017）第 168326 号

责任编辑：张 展 华宗琪 / 责任校对：葛茂香 熊倩莹
责任印制：罗 科 / 封面设计：墨创文化

科学出版社 出版

北京东黄城根北街16号
邮政编码：100717
http://www.sciencep.com

成都锦瑞印刷有限责任公司 印刷

科学出版社发行 各地新华书店经销

*

2017 年 8 月第 一 版 开本：B5（720×1000）
2017 年 8 月第一次印刷 印张：7 1/2
字数：156 千字

定价：49.00 元

（如有印装质量问题，我社负责调换）

本书其他主要合作者

牛琳博　　吴志敏　　张杰亮　　沈　健

孟振华　　巴宇航　　余颜丽

前　　言

现代有轨电车是介于常规公交和轻轨之间的中低运量的轨道交通系统，是城市地面公共交通系统的重要组成部分，承担大中城市的轨道交通补充线和辅助线、小城市轨道交通骨干线、城区与城市组团的交通连接线等功能，近年来逐渐在我国各城市推广应用且发展迅猛。

现代有轨电车在运营方式、路权形式、交叉路口信号、车站形式、平纵曲线、供电、车辆等方面具有其独特的技术特征。目前国内已建和规划的有轨电车系统主要采用人工驾驶、目视行车、调度员监视行车状态的运营方式。作为一种地面交通方式，有轨电车系统多数情况下并不具有完全独立的路权，在城市道路交叉口存在着乘客交通组织和道路交通组织的问题。同时，其信号系统也有别于其他轨道交通的信号系统，具有更多的灵活性和自主性。对于半独立路权的有轨电车系统，如何在道路交叉口实现有轨电车道路信号系统与城市交通信号系统的有机融合是系统设计的关键所在。因此，有轨电车调度系统并不是对现有的成熟轨道交通调度系统的简单简化。

目前国内针对有轨电车上述特点开展的实时调度理论研究尚不成熟，对交叉口信号优先控制的研究尚不完善，已投入运营的有轨电车项目在运营调度上还存在着一定的缺陷：①建设成本和运营成本较高，经济效益较差，但社会效益好；②交叉口信号优先系统原理过于简单，对地面交通组织影响较大，且设备成本较高；③控制中心较简易，采用规划调度模式，智能化不足。

现代有轨电车的优势不仅来自于有轨电车本身，而且来自于围绕其专用空间的运营系统高度集成。因此，技术先进、高度集成的智能调度系统可以充分将有轨电车路权优先、合理调度、快速上下、安全舒适等特点完全发挥出来，本书提出的运行控制模型与算法是智能调度模式的重要组成部分。

在此背景下，中国中铁二院工程集团有限责任公司联合西南交通大学交通运输与物流学院，对现代有轨电车智能调度模式进行了深入的研究。本研究是四川省 2014 年科技计划项目"城市有轨电车制式系统关键技术研究及产业化（2014GZ0081）"的组成部分之一，旨在为现代有轨电车项目前期规划和各阶段调度系统设计提供理论指导和支撑，为与之相适应的基础设施和机电设施的配备提供准确的功能需求定位。

目　　录

第1章 绪 论

1.1 有轨电车发展历程

有轨电车于19世纪80年代集中出现在西方工业国家中。随着汽车工业的发展，有轨电车开始面临来自小汽车和公共汽车的竞争。从20世纪20年代开始，私人小汽车的发展对有轨电车的客流量造成了强烈的冲击。越来越多的小汽车导致道路日益拥挤，阻碍了有轨电车的正常运行。传统有轨电车车辆由于加速能力低，很难在拥挤的混合交通流中运行(图1-1)。另外，轨道养护也需要额外的费用。在这些因素的作用下，美国、英国和法国等国家逐渐拆除有轨电车系统或者取消有轨电车的分离路权，越来越多的公交公司开始放弃有轨电车转而运营公共汽车，有轨电车系统出现衰退[1]。

(a)1905年墨尔本有轨电车　　　　　　　(b)德国传统有轨电车

图1-1　传统有轨电车

在这样的背景下，有轨电车行业内部开始寻求途径来提升自己的竞争力。在德国、荷兰、瑞士、奥地利等欧洲国家，有轨电车的分离路权形式得以保留，甚至在形式上还获得了提升，线路长度被延长。这些国家的很多城市坚持把有轨电车和其他交通方式分离作为目标。在这样的目标下，有轨电车系统获得了全面提升：使用现代化、大容量的铰接车辆，修建分离的有轨电车通路，使用特设信号控制，修建与地铁、公共汽车的换乘枢纽等。这种提升后的模式在速度、可靠性、舒适度和安全性等方面更加接近于快速轨道交通，而不是传统的有轨电车。这种系统被赋予了一个新的名字：现代有轨电车(图 1-2)。

(a)德国柏林　　　　　　　　　　　　　　(b)荷兰阿姆斯特丹

(c)西班牙巴塞罗那

图 1-2　国外现代有轨电车

　　而美国、英国和法国在交通日益拥挤的情况下，为此付出的代价是公交客流的持续下降。这些城市终于逐渐意识到，对公交车辆提供分离的路权形式是提升服务水平的最根本因素。而轨道交通在容量、速度、可靠性方面的优势使其比公共汽车更适合分离的路权形式。这种在路权、容量等方面提升了的系统模式在20 世纪 70 年代发展成熟并获得了认可，并在北美二十多个城市，法国、英国、西班牙、爱尔兰、以色列、澳大利亚等发达国家的城市，以及许多发展中国家，如土耳其、埃及、突尼斯、菲律宾和墨西哥等的城市发展起来[2]。

　　在国内，现代有轨电车也逐步得到了重视和快速发展。国家"十二五"规划纲要中明确提出，实施公共交通优先发展战略，有序推进轻轨、地铁、有轨电车等城市轨道交通网络建设。2012 年 10 月 10 日举行的国务院常务会议要求，加快构建以公共交通为主，由轨道交通网络、公共汽车、有轨电车等组成的城市机动化出行系统。近几年，我国现代有轨电车的建设规划发展迅速，据不完全统计，国内现代有轨电车已建成项目 7 个，在建项目 10 个，规划项目 10 个(图 1-3)。

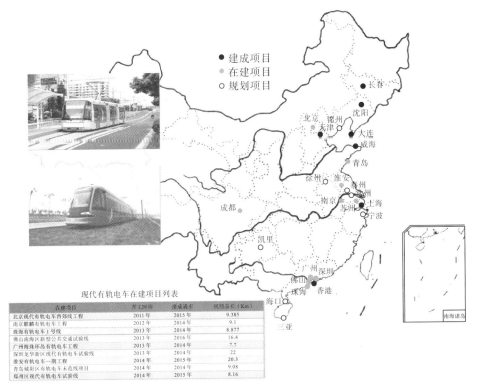

在建项目	开工时间	建成通车	线路总长（Km）
北京现代有轨电车西郊线工程	2011 年	2015 年	9.385
南京麒麟有轨电车工程	2012 年	2014 年	9.1
珠海有轨电车1号线	2013 年	2014 年	8.877
佛山南海区新型公共交通试验线	2013 年	2016 年	16.4
广州海珠环岛有轨电车工程	2013 年	2014 年	7.7
深圳龙华新区现代有轨电车试验线	2013 年	2014 年	22
淮安有轨电车一期工程	2014 年	2015 年	20.3
青岛城阳区有轨电车未范线项目	2014 年	2014 年	9.08
郑州区现代有轨电车试验线	2014 年	2015 年	8.16

现代有轨电车在建项目列表

图 1-3　国内现代有轨电车项目分布图

1.2　现代有轨电车系统特征

现代有轨电车的优势不仅来自有轨电车本身，还来自系统集成，围绕其专用空间，形成高度集成化的运营系统。因此，技术先进、高度集成的智能系统可以充分将有轨电车路权优先、合理调度、快速上下、安全舒适等特点完全发挥出来。本书所研究的智能调度模式是其中的重要组成部分。为更好地开展研究，笔者在对国内若干典型现代有轨电车系统实地调查研究的基础上，对现代有轨电车系统能力与功能定位、线路设计、运营组织等应用及发展现状进行了深入的调研(表 1-1)。

表 1-1　部分国内新投入运营有轨电车项目比较

项目	路权	车辆编组	驾驶模式	调度指挥	行车间距
沈阳浑南新区有轨电车	半独立	初、近期 1 辆独行，远期 2 辆编组	人工驾驶	控制中心人工调度	最小 14min

续表1-1

项目	路权	车辆编组	驾驶模式	调度指挥	行车间距
苏州有轨电车高新区 1 号线	半独立	初、近期 5 辆独行，远期 5 辆编组和 7 辆编组混行	人工驾驶	控制中心人工调度	高峰时段间隔为 8min
广州市海珠环岛新型有轨电车试验段	半独立	初、近期 4 辆独行，远期 6 辆编组	人工驾驶	控制中心人工调度	全天行车间隔为 9min

　　研究表明，国内已投入运行及新建有轨电车项目采用的线路设计、运营组织等技术、管理方式均较为类似，其系统定位目标及理念也极为接近。

1.2.1　系统能力与功能定位

1. 系统能力

　　现代有轨电车系统以大容量为主要的特征之一，但不能一味地高估其客运能力。国外以混合路权为主的有轨电车系统客运能力一般为 0.6 万～0.8 万人次/h；以专用路权为主的有轨电车系统客运能力一般为 0.9 万～1.2 万人次/h[3]。考虑国内城市道路交通环境影响，有轨电车的客运能力将受到更大的制约。

　　现代有轨电车系统介于常规公交和城市快速轨道交通之间，是一种中低运量的城市公共交通系统(图 1-4)。

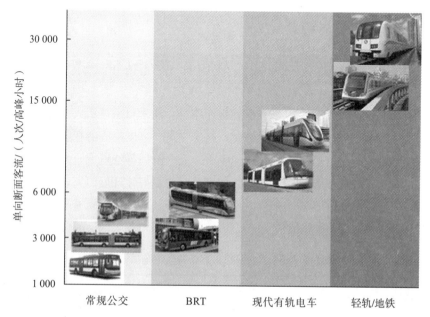

图 1-4　各种轨道交通制式的运量等级分布

2. 功能定位

有轨电车系统在不同的城市、不同的区域和不同的交通走廊发挥不同的交通功能，根据国内外的适用经验，主要可以分为以下几类：

①承担大运量轨道交通系统的补充、加密和接驳功能；

②承担远期城市快速轨道交通规划线路的客流培育；

③承担中小城市、规划新区内部公共交通系统的主体或骨干线；

④承担主城区与周边新区、城市组团间的联络线；

⑤承担城市特殊交通功能，如观光、摆渡等。

1.2.2 线路设计

1. 路权

现代有轨电车的路权形式根据不同的需要和条件可以多样化。对于同一条线路的不同地点，路权形式也可以发生变化。

参照美国交通运输研究委员会(Transportation Research Board，TRB)对北美轻轨(Light Rail Transit，LRT)路权的分类，可以将有轨电车路权分为三个级别：完全独立路权、半独立路权和混合路权(表 1-2)。但实际的情况是，一条有轨电车线路可被划分为多个路权形式不同的区间。

表 1-2 北美轻轨路权形式分类

类型	分类编号	路权及隔离方式
完全独立路权	Type A	全隔离路权
半独立路权	Type B-1	隔离的路权
	Type B-2	混合路权(有 6 英寸高的路缘石或栅栏保护)
	Type B-3	混合路权(有 6 英寸高的路缘石保护)
	Type B-4	混合路权(可越过的路缘石、标线)
	Type B-5	轻轨与道路平行，与人行道相邻
混合路权	Type C-1	混合交通
	Type C-2	公交专用道，与公共汽车混合路权
	Type C-3	行人专用道，与行人混合路权

完全独立路权，不允许有平面交叉口，在法规上不允许任何其他车辆或行人进入；在形式上，可以是隧道、高架桥或者在地面上隔离出的通道。

半独立路权，沿其通道拥有与其他交通方式的物理隔离措施，如路缘石、栅栏等，但与其他交通方式有平面交叉，包括常规的道路交叉口。

混合路权，指各种交通方式混行的街面，公共交通车辆可以拥有保留的车道（不进行物理隔离），或是在普通车道上运营。

有轨电车三种路权具有各自的特点，适用范围也不尽相同，如表 1-3 所示。三种路权形式最显著的不同在于对车辆平均运营速度和乘客出行时间的影响。完全独立路权的使用对系统成本会产生较大影响，除特殊情况外，有轨电车一般不采用高架和地下方式。有轨电车线路一般以半独立路权为主，为保证行车安全，在道路平面交叉口处应采取必要的信号优先和限速措施。混合路权极有可能会导致混合车道上的严重拥堵或干扰有轨电车的运行，仅适用于市中心或社会经济活动密集的区域。

表 1-3 有轨电车路权的使用范围

路权分类	应用条件	适用范围
完全独立路权	与道路立体交叉；一般不应有其他交通方式与线路并行	仅在特殊情况下于特殊路段使用，所占路段比例很低
半独立路权	路段有较为严格的隔离措施；道路交叉口信号优先措施	大多数城市干路
混合路权	线路上的其他交通方式流量较小；沿线有公共汽车运营，且车站能力富裕	城市次干道及支路；商业步行街、休闲区及公交专用车道

2. 沿线道路横断面

现代有轨电车线路的横断面布置形式通常有三种：中央布置、两侧布置和单侧布置(图 1-5)。

中央式布置形式：有轨电车线路敷设于道路中央，其他交通模式的通道布置在有轨电车通道的两侧。这种方式需考虑行人过街的问题。其中，中央岛式站台要求有轨电车车辆从左侧开启车门，这就有可能会导致混合路权下右侧开门的常规公交车辆无法利用有轨电车车道和站台，降低道路通行能力。

两侧式布置形式：有轨电车的双线分别设置在道路两侧外侧车道，站台设置在人行道上。非机动车道设置在有轨电车通道的外侧。这种布置方式的好处在于常规公交车辆可以与有轨电车共用车道。

单侧式布置形式：有轨电车双线布置在道路一侧的外侧车道上，站台设置在人行道和非机动车道的分隔带上，非机动车道在双线外侧。

通过分析国外轻轨经验和我国交通环境可知，有轨电车车道布设于道路中央最安全，其次为单侧式布置，两侧式布置最劣。因此，在道路条件允许的情况下，有轨电车道路断面布设形式应优先采用中央式布置，尤其是针对承担大运量轨道交通系统的补充线路和承担城市客运系统的主体或骨干的线路。

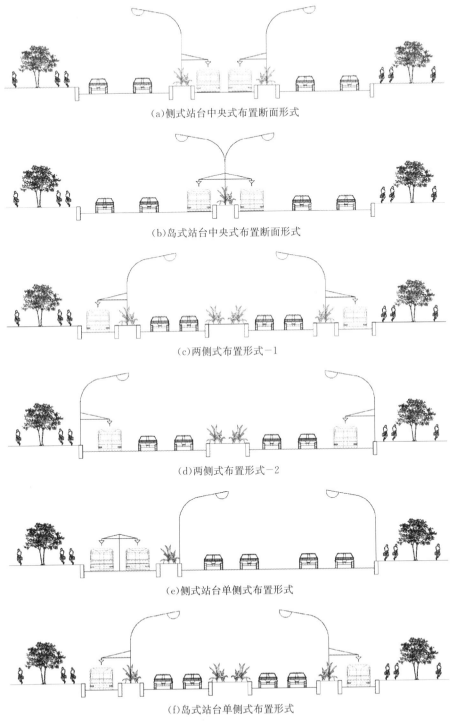

(a)侧式站台中央式布置断面形式

(b)岛式站台中央式布置断面形式

(c)两侧式布置形式-1

(d)两侧式布置形式-2

(e)侧式站台单侧式布置形式

(f)岛式站台单侧式布置形式

图 1-5 有轨电车道路横断面布置图

3. 车站站间距

有轨电车系统的站间距会影响系统的速度和运力，应根据乘客步行可达性、搭乘意愿、系统特性、运营绩效综合确定。一般而言，有轨电车系统站间距为 300～800m，具体站间距根据车站功能、城市规模、城市区位、土地开发密度有所不同。特殊功能的有轨电车系统的站间距可突破此范围，但以不超过 2000m 为佳。

4. 车站形式

有轨电车车站沿道路横向布设可分为三种：岛式站台车站、侧式站台车站和混合式站台车站。岛式站台设置在上下行线路之间，侧式站台设置在上下行线路两侧（表 1-4），混合式车站包含岛式站台和侧式站台，通常用于换乘站。

表 1-4　岛式站台和侧式站台的比较

车站形式	站台宽度
岛式站台	在道路用地受限时，岛式站台可同时供上下行乘客使用，因此可减少设置站台对道路空间的占用，岛式站台最小宽度不宜小于 4m；在道路宽度足够的前提下，岛式站台宽度可以设置为 5m 以上，为有轨电车乘客提供宽敞的候车空间，还可以布置如报亭、座椅等乘客服务设施
侧式站台	在道路用地受限时，侧式站台的宽度将受到限制，乘客在站台的行走容易受到阻碍，导致有轨电车的服务水平下降
车站形式	站台设施
岛式站台	站台设施如连接车站的人行天桥、地道楼梯、电梯以及票务管理、智能交通信息及管理系统只需设置一套
侧式站台	需设置两套相应的站台设施

从沿道路纵向位置关系看，有轨电车车站可分为路端式车站和路段式车站（表 1-5）。根据车站在交叉口的设置方式，路端式车站分为进口设站和出口设站两种形式。考虑乘客出行习惯、换乘需求、公交吸引等因素，有轨电车一般采用路端式车站布置。

表 1-5　路端设站和路段设站的比较

车站位置	信号优先控制措施
路端设站	交叉口进口：由于有轨电车停站时间无法控制，难以实施优先控制
	交叉口出口：在交叉口进口处设置感应装置，以实现优先控制
路段设站	避免信号灯对有轨电车上下客的影响；需要单独设置一组行人过街信号或人行天桥（地道）

中央布置形式的有轨电车路端式车站布置主要如图 1-6 所示。车站形式的选

择主要考虑车辆的通过效率，不同的路面宽度、车站至交叉口距离以及发车间隔对车辆通过效率均会产生影响。

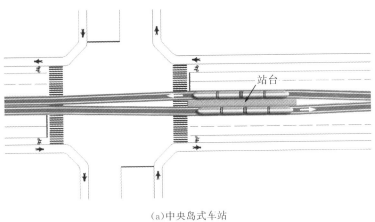

(a)中央岛式车站

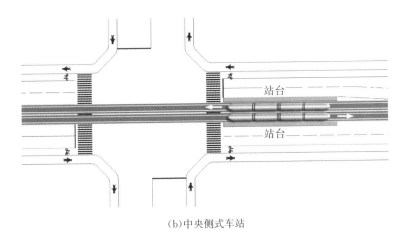

(b)中央侧式车站

(c)交叉口进口设站

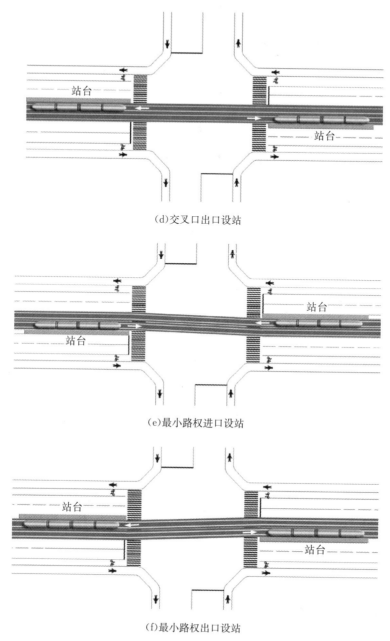

(d)交叉口出口设站

(e)最小路权进口设站

(f)最小路权出口设站

图1-6 道路中央布置的路端式车站形式

5. 交通组织

交叉口是制约城市道路交通运输能力的瓶颈，因此合理解决和处理好交叉口交通至关重要。

在发达国家中，车流量较低、乘客量较少、路口较多的情况较为典型，有轨电车系统的设计非常重视减少交通信号的延误，并依赖于各种交通信号优先措施。而在发展中国家，通常每小时客流量和车流量较高、路口的交通信号维护不太可靠，这时，有轨电车系统的设计就需要更多地考虑依靠优化交通组织来改善路口的通过性。

有轨电车系统设计不同于全封闭的城市快速轨道交通系统，应该对线路方案上的交通环境进行全面的梳理，少数几个交通瓶颈，往往是大多数混行交通拥堵的主要原因。交通的瓶颈常见于以下几种情形：

①公交站点设置不合理或公交车辆无序停车；

②狭窄的跨线桥或下穿隧道；

③公路、铁路平交道口；

④线路附近的大型交通吸引点；

⑤不规范的路侧停车；

⑥交通信号设置不合理；

⑦交叉口设计及渠化的不合理。

有轨电车系统引入之前，应首先解决非路口的瓶颈问题。手段包括：

①对设置不合理的常规公交站点进行调整，避免有轨电车与常规公交站点位置的冲突；

②加强停车管理和执法，对路侧的不规范停车进行调整；

③改善平行道路通行条件，进行交通分流；

④在有条件的路段进行路幅宽度扩展。

改善交叉口的通行效率是解决交通瓶颈最简单和最经济的方法。通过对不合理的交叉口重新进行设计、渠化或信号配时调整，可以极大地改善交通流。如果能够结合有轨电车项目的建设设施，同步进行交叉口交通组织优化，可以有助于提高大众对有轨电车系统的接受程度。

1) 限制混行交通的转弯活动

一般来说，由于有轨电车线路的布设，线路沿线混合交通的饱和度将接近或达到临界水平，这时，尽量限制有轨电车线路沿线混行交通的转弯活动是提高有轨电车运行速度、减少交叉口延误的一个重要手段。

在理想的状况下，有轨电车系统车辆在穿过交叉口时除非完全立体交叉，否则总会与混合交通发生冲突。为了加强交叉口的通行能力，采取限制转弯和立体交叉的措施，通常比信号优先或绿波信号相位的方式更为有效。

(1) 平面交叉口方案。

无论有轨电车系统采用何种道路横断面布置方式，在平面交叉口均会与左右转混合交通产生冲突点，可以通过禁左或右转、掉头等交通管制手段，将左右转混合交通转化为垂直方向的直行交通，从而减少交叉口的信号相位(图1-7)。

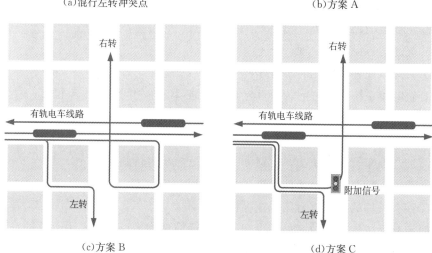

(a)混行左转冲突点   (b)方案 A

(c)方案 B   (d)方案 C

图 1-7　平面交叉口限制混合交通转弯活动方案示意图

对于平面交叉口与有轨电车线路垂直方向的信号配时也应进行相应的调整，对于由于车流量大存在红灯相位清空困难的，应对上、下游相邻交叉口依据"缓进-快出"的原则进行信号相位的线控调整，以保证有轨电车信号优先控制策略的实施。

(2)立体交叉口方案。

对于交通量趋于饱和的交叉口，在引入有轨电车系统后，交叉口的通行情况可能会出现进一步恶化，这时，建议通过跨线桥或隧道的方式将平面交叉口改造为立体交叉口。

方案一：有轨电车线路方向增设立交设施，消除有轨电车车辆在该交叉口的运行延误，但可能会造成车站远离交叉口，对乘客乘车造成影响。

方案二：在与有轨电车线路相垂直的道路方向上增设立交设施，可增加有轨电车线路方向的绿灯时长，降低有轨电车车辆在该交叉口的运行延误。

在实际的有轨电车项目中，不能仅对某一交叉口进行孤立的分析，需要对特定交叉口、有轨电车线路沿线以及沿线周边区域的混合交通活动进行全面的分析，选取最佳方案。

2）有轨电车线路的转弯设计

虽然通过线路设计可以在一定程度上控制有轨电车系统车辆的转弯活动，但是其中一些转弯是必要的，有轨电车的这些转弯活动会对交叉口交通组织和信号相位配置产生影响。根据有轨电车系统投资、交叉口道路使用面积、有轨电车车辆编组数及其转弯流量、混行交通水平及其转弯流量等的不同，应该对特定路口进行评估和优化，选择最优的解决方案，通常来说，有以下几种可选方案：

①有轨电车车辆与社会车辆共用转弯相位；

②增设有轨电车车辆专用转弯相位；

③允许有轨电车车辆在社会车辆转弯前优先启动，调整信号系统，在社会车辆绿灯信号之前为有轨电车车辆提供一定时长的绿灯信号。

1.2.3　运营组织

1. 驾驶方式

有轨电车在正线上按照双向右侧运行，人工驾驶（图 1-8），由司机通过瞭望监控列车的运行安全。全线车辆运行采用集中调度，设置运营控制中心（图 1-9），具备与司机即时通话和进行双向通信的功能。

图 1-8　人工驾驶　　　　　　　　图 1-9　运营控制中心

2. 调度模式

有轨电车的调度模式以人工、无线调度为基本功能。调度管理应能实现对车辆运行的自动监视，具备车辆自动识别、监视、车次号显示功能；根据运营需求，具备时刻表编制及管理、运行统计及报表生成处理等功能；同一调度管理系统可监视一条或多条运营线路，监视多条线路时，应保证各条线路具有独立运营或混合运营的能力。

3. 票务模式

有轨电车的票务管理一般采用公交化的票务形式。售检票系统的开发受到票务结构选择方案的影响。不同的可选结构方案会影响有轨电车系统的整体盈利能力和票价的社会公平性。常见的售检票系统的结构方案主要有：①免票；②固定票价；③分段票价；④按距离计算的票价；⑤按时间计算的票价。

这些票价结构并不总是相互独立，可根据具体项目条件自由组合。一般来说，免票制的车站在设计上有相当大的自由度，可创造出引人注目的开放式设计；固定票价制为城市低收入人群提供更多的社会公平性；根据时间和距离计算的多模式票价制度具有复杂性，其售检票系统的开发和维护成本较高。

4. 信号控制

有轨电车作为一种路面轨道交通系统，在其运行过程中，首先由轨道信号系统向道路信号系统发出请求，由道路信号系统做出相应的信号处理并反馈到轨道交通信号系统，有轨电车执行轨道交通信号控制。因此，有轨电车信号控制的关键在于实现轨道信号与道路交通信号的有机结合。

有轨电车信号系统提供正线道岔区域的道岔控制、交叉口区域的优先权控制、车辆运行的调度管理以及车辆段联锁功能(图 1-10)，可以有效提高有轨电车的运行效率、安全性和可管理性。

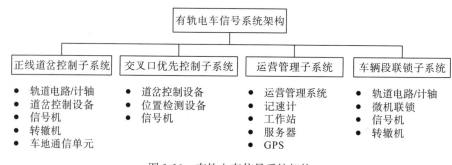

图 1-10　有轨电车信号系统架构

相较于其他城市公共交通方式，现代有轨电车系统主要在以下三个方面存在较大差异。

1）运营模式

从运营模式来说，有轨电车属于道路交通范畴，这是其最主要的特点之一。

有轨电车系统与地铁、轻轨系统相比，站间距较短、旅行速度低，线路布设于城市道路，与社会交通共享路权，其运行环境的各种不确定性因素远多于地铁、轻轨系统。有轨电车采用人工驾驶模式、目视线路状态行车，其行车规律性较差，行车组织较为困难。现有的轨道交通运营组织方式并不完全适用于有轨电车，只有通过建立智能化有轨电车系统才能够更好地实现有轨电车的正常运行、提高行车组织效率、保障列车运行安全，并且建立与相关外部系统的链接，实现区域交通的信息化、自动化才是现代有轨电车的发展趋势。

2）信号系统

有轨电车与地铁的控制及管理对象的运行模式差异显著，主要体现在：

（1）地铁通常采用专用路权，线路与其他任何交通方式及行人隔离，主要措施：建设地下线、高架线，地面线路则全线设隔离带。有轨电车通常采用半独立路权或混合路权，与其他社会车辆、行人在路口或部分路段混行。

（2）地铁列车司机根据信号设备推荐速度曲线运行，由设备保证行车安全。有轨电车由司机目视驾驶，人工保证行车安全。

（3）受路权以及运用环境的限制，有轨电车道岔控制及信号表示不同于地铁。有轨电车行驶过程中的道岔控制和信号表示可以分布式就地控制，特别是可以通过运行车辆（驾驶者）自主发送进路控制指令或控制道岔动作，并且通常是常态或标准作业方式。地铁信号系统的道岔、进路及信号通常由中央或车站集中控制。

（4）有轨电车的轨旁信号设备安装与地铁有较大的不同，有轨电车轨旁信号设备多采用预理安装的方式，需要与路基、轨道等专业密切配合。

（5）有轨电车信号系统要考虑与公路交通信号的结合。

上述差异决定了有轨电车运行控制系统不能直接采用地铁和国家铁路的信号设计和技术标准。因此，有必要结合现代有轨电车的特点和运营需求，研究制定我国现代有轨电车运行控制系统技术标准。

为实现有轨电车系统的整体优化和资源共享，宜统筹规划通信、信号和信息化综合的运行控制系统。

3）与道路交通的衔接及控制

通过调研可知，有轨电车在交叉口与其他社会车辆存在大量的冲突点，有轨电车车辆与社会车辆碰撞事故频发（图 1-11）。因此，必须通过交通工程设施加以管理、控制、改善和消除，以达到安全运营的目的。有轨电车路线的交叉口应根据相应的路权形式选择完全信号优先、部分信号优先或无信号优先，并与各类车道配置进行整合设计，有效地融入城市智能交通协调控制中，从而提高服务效率。

(a)爱尔兰   (b)沈阳

(c)苏州

图 1-11   有轨电车与社会车辆碰撞事故

1.3   现代有轨电车系统现状分析

现代有轨电车系统是在传统有轨电车的基础上发展而来的，它是采用先进的技术和管理经验，经过不断完善而形成的一种介于常规道路公交和轻轨之间的中低运量的轨道交通方式。基于以上定位，其技术性能介于常规公共汽车和轻轨之间，主要表现在路权形式、调度指挥等方面。

出于系统定位及建设成本考虑，当前有轨电车系统的路权形式多采用半独立路权，即在路段区间采用独立路权，实现有轨电车与其他交通方式的隔离，保证行车安全的同时提高车辆的运行速度；在平面交叉口，有轨电车与其他交通方式混行，接受道路信号灯的指挥和控制。

通过对国内外有轨电车运营线路进行分析可以发现，现代有轨电车系统在以下几方面存在不足：

(1)现代有轨电车系统处于城市道路公交与轨道交通方式的交叉点。现代有轨电车采用公交化运营模式，属于路面公共交通范畴，同时现代有轨电车采用计划编组、运行图控制等轨道交通运营模式，兼具路面交通与轨道交通的特点，这是其设备及技术需求的出发点和落脚点。

（2）有轨电车系统设计尚未形成国家或行业统一的技术标准。在我国，由于现代有轨电车系统研究与应用起步较晚，现有项目既有引入国外先进技术又有立足国内研发，尚未形成统一的标准。在实际工程应用中，多根据实际需求定制，但有轨电车系统架构基本一致。

（3）有轨电车优先控制策略理论研究尚不完善，大规模实际应用的线路少，少数工程项目以无优先控制和单点绝对优先控制为主。其中，无优先控制不能充分利用平面交叉口有限的空间资源和时间资源，未实施公交优先的设计理念；绝对优先只是对有轨电车实施优先策略，可能会对交叉口整体交通效益的发挥造成不利影响。

（4）有轨电车调度管理系统与道路交通管理系统尚未很好地实现融合，交叉口交通信号受交管部门控制，有轨电车的运行状态受有轨电车调度管理系统监控，在具体项目实施过程中，两部门协调难度大，优先控制效果差异大。

（5）有轨电车调度管理系统"只监不控"，偏重于对车辆的运行状态进行监督，忽略了对其运行状态的主动干预。车辆运行状态受交叉口延误不确定性的影响较大，且逐渐累积，随着行车间隔的缩短，车辆运行偏差会对运营计划造成较大的影响。

因此，对半独立路权的有轨电车系统而言，如何合理地实现有轨电车与其他交通方式的衔接、对路段车辆运行状态进行必要的调控，是提高其系统运行效率、发挥有轨电车运输能力、改善服务质量的关键，亦是实现有轨电车系统智能化调度的基础。

1.4　智能调度模式系统界定与算法架构

1.4.1　系统界定

对于采用完全独立路权（全封闭专用道）的现代有轨电车系统，在形式上可以采用隧道、高架桥或在地面上隔离出通道。由于其造价较高，同时考虑到对路网的合理规划以及有轨电车系统在交通系统中的角色，国内外目前较少采用这种方式敷设线路。

对于采用混合路权的现代有轨电车系统，拥有非物理隔离的保留车道，存在较多的平交道口，并且与机动车混行。这样使有轨电车的运行速度受到限制，同时需要完全依靠司机的目视行车以保障基本的运营安全和运行顺畅。虽然造价较低，但是由于其线路敷设方式对有轨电车的运行效率和服务质量都有较大的影响，不利于合理、有效地利用有轨电车，所以国内外也较少采用这种方式。

对于采用半独立路权的现代有轨电车系统，由于路段上建有隔离设施或管理上不允许其他车辆驶入，所以可以保证较高的车速和运行效率。半独立路权一般可通过对现有交通设施的部分改造来实现，避免了对原有道路形态的全面改变，具有投资少、成本低、安全可靠的特点，在全世界范围内得到了广泛的应用，我国规划和建成系统也多采用该路权形式。

因此，本书针对半独立路权条件下的有轨电车系统，以运行时刻表为依据，将车辆运行控制与交叉口信号控制相结合，以实现智能调度控制。

1.4.2　算法架构

对于半独立路权条件下的有轨电车系统，除了系统本身突发的机械、信号等故障外，对其系统稳定性影响最大的是行车间隔的变化。由于有轨电车运行线路的固定，一旦相邻车辆间隔过小，就会对车辆运行计划甚至系统稳定带来不利影响。所以，针对影响行车间隔的因素，采取对应的措施进行必要的调度控制对于保证整个系统安全、高效地运行具有重大意义。

影响有轨电车调度控制的因素主要有三个方面：第一是有轨电车在站点的停车延误；第二是可能的交叉口停车延误；第三是车辆在路段运行的偏差。本书的目的是通过研究模型和算法实现对这三个影响因素的有效控制，为智能调度模式的发展奠定良好基础。

算法架构示意图如图 1-12 所示。

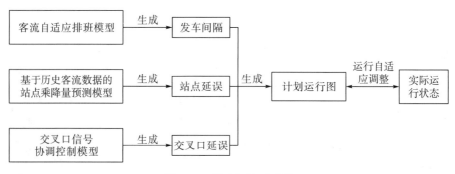

图 1-12　算法架构示意图

第2章 现代有轨电车智能调度机制
分析及整体设计

智能化调度的主要用途是缓解交通供给与需求的矛盾，提高交通通行能力，减少交通负荷，保障行车安全，充分利用现有条件，有目的地改进交通控制中心系统，改善交通结构，为智能交通系统(intelligent transport system，ITS)创造必要的技术条件和交通环境。

现代有轨电车智能化调度系统的主要目的是解决有轨电车运行处于低效或者失控的状态，从而把通信控制、地理信息系统(geographic information system，GIS)、计算机网络、运营组织等科学结合起来，运用系统工程的思想，实现集客流预测、自适应排班、信号协调控制、线路运行调整等功能的智能化有轨电车管理系统。

2.1 系统功能

现代有轨电车智能化调度系统将辅助运营决策，有助于有轨电车运输管理的集约化，同时提高有轨电车的运行速度和服务质量，从而形成一种准时、快捷、高效的综合公共交通运输系统。

概括起来，有轨电车智能调度系统模式主要包括客流预测及自适应排班、交叉口信号协调控制、线路运行自适应调整三大功能，它们的内容分别叙述如下。

2.1.1 客流预测及自适应排班功能

有轨电车客流乘降量预测是确定有轨电车发车间隔、合理分配车底的前提，预测结果是制定有轨电车系统调度计划的依据。因此，站点乘降量预测对有轨电车的调度运营具有重要意义。

受站点周围土地利用性质及城市经济发展水平的影响，有轨电车客流量具有一定的长期趋势，逐年增长或趋于平稳；同时，以通勤、通学为主要特征的城市客流，又具有明显的周期性和循环性；具体到某一站点，受不确定因素的影响，站点客流量又具有明显的随机性和波动性。因此，只有综合考虑以上几种特征才能取得较为精确的有轨电车客流量预测结果，为合理调整发车时刻表、实现有轨电车自适应排班功能提供重要依据。

有轨电车自适应排班功能主要包括两个方面：制定发车时刻表、车底运用方案智能调度。

1. 制定发车时刻表

编制公共交通发车时刻表主要是为了确定首末车发车时间和每日不同时段的行车间隔。其制定取决于众多因素，如客流、车速、满载率等，但客流是最主要因素，这也是本书发车时刻表制定的主要依据。

有轨电车智能调度系统发车时刻表的编制目标：根据客流量在不同时刻的分布状况，调整发车间隔，保证行车间隔的均匀有序，尽量避免产生车时浪费和周转不济，从而保证车辆满载率始终保持在某一恰当的水平，提高有轨电车系统服务水平。

2. 车底运用方案智能调度

经济合理地使用运用车车底，是编制列车运营前调度计划时需要考虑的主要目标之一。车底运用方案智能调度主要考虑列车的车底运用方案及合理车底数的确定。

1) 车底运用方案

车底运用方案需要统筹安排各列有轨电车的运行班次，调节车辆检修、人员休息、客流需求之间的矛盾关系，其目标是保证有轨电车运行班次的连续性。因此合理的排班计划和列车折返策略就成为评价车底运用方案的关键。

排班表和发车时刻表一样，是调度运行不可缺少的重要依据。系统自动排班也将给工作人员的工作效率带来较大的提高。系统根据线路中的路牌、车辆和司乘人员的关系，结合司乘人员的作息时间，自动生成某时段、某线路的排班表。排班计划对每辆车折返方式的确定有很大影响，车辆根据排班计划和运行路线选择折返方式。

2) 确定合理配车数

在确定排班计划和车底运用方案之后，即可得到系统所需运用车的数量。此外，为了适应客流变化，确保完成临时紧急的运输任务，以及应对运用车发生故障的情况，必须保有若干技术状态良好的备用车辆，备用车辆的数量一般控制在运用车数的 10% 左右。

在系统运营前，确定配车数对确定整个系统的运输能力和车辆行车计划安排、优化列车的调车作业、测评系统的经济合理性和实用性具有重要意义。

2.1.2　交叉口信号协调控制功能

在平面交叉口，采取有轨电车与其他社会车辆混行的方式，使得有轨电车在交叉口的行驶受到大量随机因素的干扰，进而影响有轨电车的通行效率。特别是在高峰时段，交叉口车流、人流的交织对有轨电车的干扰尤为严重，导致大量的时间延误，影响该系统运行的稳定性与可靠性。如何充分利用交叉口有限的时空资源，合理地分配各个方向车流的通过时间，是提高交叉口通过效率、确保行车安全、减少人均延误的关键所在。因此，对有轨电车交叉口信号协调控制模式予以研究具有重要的现实意义。

本书中交叉口信号协调控制模式将车辆满载率、前后车时间间隔、电车延误时间作为度量因子，结合主动优先控制措施实现有轨电车在平交路口的智能控制。

2.1.3　线路运行自适应调整功能

发车时刻表是运营调度最基本的依据，但由于其是事先制定好的，依据一些客流预测数据、交通历史数据和运营经验，并不一定能完全适应实际的运营状况。各类突发情况和异常情况都会影响到调度秩序，如有轨电车在车站之间运行时，站停、在交叉口是否等待等各种因素的影响会造成有轨电车的延误，如果不及时调整可能会造成延误累计效应，不但会造成车辆晚点，而且会使车辆间隔过短造成资源浪费，因此线路运行自适应调整功能根据实时状态的监控，不断修正调度计划，如对车辆速度进行控制以及对停靠站时间进行控制，尽可能地使车辆的实际运行恢复到相应计划运行线，从而保证系统的运行秩序。

2.2　系统构成及运作

2.2.1　系统构成

为实现上文所述功能定位，将有轨电车智能调度系统划分为四个子系统，分别为信息采集子系统、统计分析子系统、调度指挥子系统、信息发布子系统。此外，高效、通畅的通信传输系统是连接四大子系统的桥梁。

(1)信息采集子系统。信息采集子系统完成信息采集相关的所有功能，目的是解决整个系统信息滞后及其所造成的有轨电车运营管理低效问题，具体包括采集车辆信息和乘客信息。对于车辆信息，该子系统不仅采集其速度、位置、轨迹信息，还应当采集其状态信息，调度中心可以根据实时采集到的车辆信息监控车辆的运营情况。对于乘客信息，该子系统主要采集与客流相关的一系列信息，如相应站点的上下车人数、上下车时间等，记录各时间、各区段的上下客情况，并将采集到的信息传输到调度中心，为客流预测及有轨电车的运行调整提供数据，并成为统计分析子系统的数据来源，为系统运营公司的管理和决策提供依据。

(2)统计分析子系统。统计分析子系统用以完成对运营公司各种数据的统计分析功能，处理在运营过程中由信息采集系统记录的大量基础数据。通过编制的各种算法及模型，输出客流预测结果，自动生成发车时刻表，调整发车间隔、车底运用方案及交叉口信号灯配时方案。此外，该系统应自动生成各种与运营计划和调度相关的统计报表，计算分析各种运营指标，显示或打印各种报表，提供给调度员与计划编制人员，供编制计划与制定预案参考。

(3)调度指挥子系统。调度指挥子系统是人机交互系统的逻辑处理机构，根据统计分析子系统的输出结果来管理、指挥全线车辆的运营。其主要实现的功能是完成调度指挥任务，使有轨电车的运营更加协调和高效。以有轨电车站点客流量预测结果、实时运行状态、有轨电车的特征及技术指标等数据为基础，制定有效动态调度计划，具体包括实时调整发车时刻表和交叉口信号灯等候时间，在空间上调整车底运用方案和更改配车数。

(4)信息发布子系统。信息发布子系统主要面向广大乘客，它是系统运营公司将交通诱导信息发布给信息需求终端的物理平台，其信息来源于统计分析子系统实时共享数据，目的是提供完善、合理的出行信息服务。该系统将实时的行车信息和其他服务信息通过网络、广播、短信和车载装置等方式向不同群体和个人发布，为乘客提供系统、全面的出行路线参考，使其在整个出行过程中实时接收有轨电车发布的出行信息和其他有关信息，及时、有效、经济地选择并调整出行的方式和线路。

2.2.2 系统运作

上述四个子系统之间是相互联系、相互影响的。其中，调度指挥是关键，如果将信息采集视为其输入，则信息发布和调度指挥为输出；统计分析是针对采集的原始信息的进一步加工，统计分析的结果反馈给调度指挥子系统和信息发布子系统。统计分析子系统是整个有轨电车智能调度系统的核心，负责处理原始数据和信息，兼顾存储运营中的信息，并实时控制信息发布的时间、内容和形式，同时生成调度指令与参数。

　　四个子系统之间的关系，如图 2-1 所示。

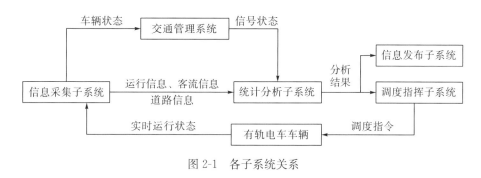

图 2-1　各子系统关系

　　系统具体工作流程：在车辆运营过程中，信息采集系统将实时监控、采集的车辆状态信息、客流信息发送至统计分析子系统，其中还需要将车辆状态信息发送给交通管理系统，获取交通信号反馈，并将反馈结果发送至统计分析子系统；统计分析子系统将数据存储并记录，按照编制的模型和算法处理原始数据，输出分析处理结果，并发送到调度指挥子系统和信息发布子系统；调度指挥子系统及时在时间和空间上调整调度计划，以实时配合具体的运营情况和客流信息；同时，信息发布子系统根据接收的信息，及时调整、更新子系统中信息发布的时间和具体内容及形式，以帮助乘客及时了解有轨电车的运行情况。例如，当监控和信息采集子系统监控到在高峰时段或者由于公共事件造成某一站、某几站或某条线路的客流量较平时高出很多时，将采集到的客流量信息发送至统计分析子系统，统计分析子系统输出处理结果至调度指挥子系统，立刻调整发车时刻表或者增加车辆以满足客流需求，同时根据车辆内乘客数量将拥挤程度和所加车辆的车辆状态信息发送至电子站牌，使乘客根据自身需求选择相应的车辆。此外，统计分析子系统接收采集和发布的客流信息并将其存储，成为下一次出现类似状况时调整动态调度的依据之一。

　　为满足各系统间数据、图像、指令等信息的有效、及时传输，本系统采用车载第四代移动通信技术、场站有线宽带传输等技术，实现运营各类数据信息共享，满足调度高效、监控到位、响应处理及时等业务要求。

2.3 系统设备及信息需求

对应上文所述四大子系统，本书将有轨电车智能调度系统设备分为信息采集设备、统计分析设备、调度指挥设备、信息发布设备四大设备群。

2.3.1 信息采集设备

信息采集设备的功能是采集车辆运行状态信息和站点客流量数据，包括电车位置和速度检测设备及乘客计数设备。

1. 有轨电车位置和速度检测设备

（1）全球定位系统（GPS）。GPS定位系统是目前国内外应用最广泛的定位系统，目前国内城市采用的公共交通定位系统基本上都是基于GPS车载定位终端的定位系统。

（2）基于车路通信的定位装置。通过在有轨电车车站上或者线路沿线建立路侧通信单元，当车辆通过路侧单元时，有轨电车车辆车载通信模块将与路侧单元进行数据通信。根据车载通信单元的ID编号，就可以获得该有轨电车通过路侧单元的时间等信息，由此可以确定车辆在该时刻的位置和前后两个路侧单元间车辆的平均行驶速度。但是，由于路侧通信单元不能布设在整个有轨电车运输网络中，所以基于车路通信的定位技术通常只能提供有限的车辆定位能力。

（3）道口车辆检测器。布设在交叉口停车线上游，精确检测有轨电车的位置与速度信息，为交叉口信号相位的调整提供原始数据，其形式可为布设在轨道下的感应线圈。

2. 乘客计数设备

（1）车站进出口闸机。闸机是一种通道阻挡装置（通道管理设备），用于管理人流并规范行人出入。闸机的基本组成部分包括箱体、拦阻体、机芯、控制模块和辅助模块。其最基本、最核心的功能是实现一次只通过一人，可用于各种场合的出入口。通过添加辅助模块，闸机可以实现不同的功能。本系统所需闸机应带有的用于记录通行人数的自动计数模块，可通过LED数码管或显示屏显示出来，可以清零和设置计数上限，并将记录数据上传和存储。通过记录某段时间内车站进出口人数，就可以获得线路断面客流，找出客流最大点，继而调整发车间隔。

（2）客流计数器。客流计数可采用红外对射技术和视频处理技术等手段。红外对射计数器分发射源和接收源，分别装在门口两侧，当有人经过时，红外线会被阻挡，此时计一人次，以此类推，可以统计每天有多少人经过，从而达到人数计数的原理。基于视频的客流统计系统利用图像帧差进行运动目标的提取，然后利用模式识别分析目标特征，对人体目标进行匹配、跟踪并实现实时计数。

在上下车门处各安装一部客流计数器，可以统计车内乘客人数。一般的计数器产生的数据会存储在内部芯片中，并通过数据线传输到电脑中，再通过安装在电脑中的软件进行分析，计算有轨电车的满载率。

2.3.2　统计分析设备

统计分析设备组成较为简单，但极其重要，如果将整个有轨电车智能调度系统比作人体，则统计分析设备就相当于人的大脑。其设备为高性能服务器集群，包括可靠度较高的数据库服务器、GPRS 通信服务器、GIS 服务器等。

数据库服务器是整个有轨电车智能调度管理系统的数据处理中心、运营调度管理中心，也是整个系统的核心，存储各种算法及模型，具有强大的计算能力。数据库服务器实时地将监控和采集到的各种数据和信息分析处理，并发送至数据库，数据库配合通信服务器安全可靠地运行。

GPRS 通信服务器是用来接收通过 GPRS 上传的 GPS 数据和通过扩展接口接收其他车载设备转发数据的服务器，通过服务器的均衡负载接收大量上传的GPS 数据，同时把系统下发信息通过移动通信网关传送给相应接收终端。

GIS 服务器是车辆调度指挥控制系统的重要组成部分，完成 GPS 智能调度管理系统中计划管理、实时监控与调度执行任务。GIS 服务器采用 B/S 工作方式，具体处理车辆实时位置的实际地图显示和线路直观显示图的显示，处理运营中线路、车辆和司机计划管理、实时调度指令的发布等，同时 GIS 服务器存储电子地图信息。GIS 系统接收定位数据，完成车辆信息的地图映射，其功能包括地理信息和数据信息的输入输出、地图的显示与编辑、车辆道路等信息查询、数据库维护、GPS 数据的接收与处理、GPS 数据的地图匹配、车辆状态信息的处理显示、车辆运行数据的保存及管理等。

2.3.3　调度指挥设备

从物理上看，可将调度指挥子系统分成调度中心指挥系统、地面运行控制系统和车载运行控制系统三级，三者之间的关系如图 2-2 所示。

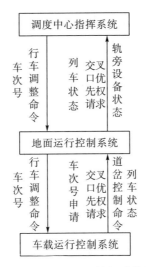

图 2-2　调度指挥子系统间功能关系

1. 调度中心指挥系统

　　调度中心指挥系统是执行调度功能的机构，是整个子系统的中枢。主要的功能有两个，其一，接收采集到的信息。通过 GIS 电子地图和大屏幕显示系统等设备，利用无线网络传输，接收各个车载终端的车辆状态信息，使车辆的运营状况信息和各类信息在中心电子地图实时地显示，同时接收客流信息，实现对车辆的实时调度管理。其二，下达调度命令，下达给各个有轨电车车辆的车载终端、电子站牌、电子发车牌。其设计如图 2-3 所示。

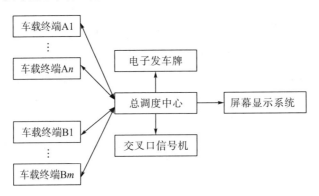

图 2-3　调度中心设计

　　要实现其调度功能，调度中心必须配置一定的物理设备。

　　(1)中心电视墙(或大屏幕)，实时显示监控系统状态，包括车辆位置、站台客流聚集情况。调度中心的调度台、计划台及系统维护台的彩色图形显示终端，可给调度员提供该区段内行车信息的细景显示，调度员可选择查看某一车站或某一区间内行车信息的详细情况。细景显示画面形象、清晰，内容丰富，并具有良好的人机界面。

（2）时刻表编辑工作站，分别用于时刻表编辑、显示等。运营调度终端设于交通枢纽的行车调度室，实现本线调度运营计划管理、车辆运行监视、司乘考勤、安全管理、服务管理及统计报表等功能。

2. 地面运行控制系统

地面运行控制系统是联系调度中心指挥系统与车载运行控制系统的纽带，主要负责列车安全间隔划分、状态及命令信息转发，具体设备如下：

1）列车状态信息接收及转发装置

车载运行控制子系统向地面运行控制子系统周期发送列车状态信息，包括车次号、列车 ID、安全前端、非安全前端、安全后端、非安全后端、当前行驶速度、车门状态、停稳状态、倒溜状态、列车完整性、牵引系统状态、制动系统状态等。地面运行控制子系统实时更新管辖区域内所有列车的运行状态，按一定时间周期发送给调度中心指挥系统。

2）轨旁设备状态采集及发送装置

地面运行控制子系统实时采集管辖区域内所有道岔、信号机、轨道区段的当前状态，并将轨旁设备状态周期发送给调度中心指挥系统，用于线路信息显示和控制。

轨旁设备包括本站及其联锁区内其他车站的信号机、转辙机、轨旁控制箱、轨旁控制主机、嵌入式 LED 进路表示器、计轴器、现地控制盘、紧急停车按钮、自动折返按钮、站台屏蔽门及区间隔断门等。

3）道岔控制

当地面运行控制子系统收到列车发送的道岔动作请求后，首先判断该列车是否是位于该道岔后方且距离最近的列车，即判断该车是否具有对该道岔的控制权，然后判断该道岔当前位置是否与目标位置一致，一致时不进行处理，回复肯定应答，不一致时将其移动到指定位置并锁闭，再回复肯定应答(图 2-4)。

4）交叉口优先通行请求处理

地面运行控制子系统收到道口优先通行请求后将该请求转发给调度中心指挥系统，调度中心指挥系统权衡改变道口信号机色灯显示对整个路网的影响，选择合理的处理方式，以应答的形式发送给地面运控系统，地面运控系统执行该应答，实现对信号机色灯显示控制。

交叉道口控制系统在有轨电车接近交叉口时，通过交通信号接口控制单元向路口交通信号灯请求信号，交通信号灯根据情况关闭绿灯后，有轨电车信号灯开放。当有轨电车驶过交叉口后，向交通信号接口控制单元发送解除请求，交通信号灯根据情况控制交叉口交通信号，如图 2-5 所示。

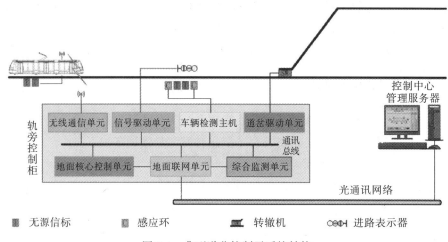

图 2-4 典型道岔控制子系统结构

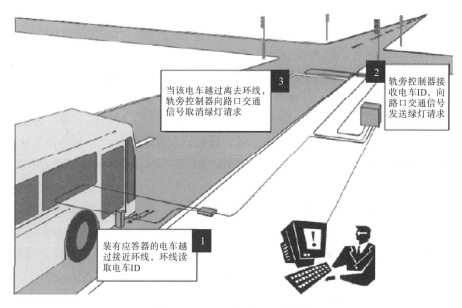

图 2-5 交叉口信号子系统结构

3. 车载运行控制系统

车载运行控制系统是调度指挥系统在车辆上的延伸，是保证列车安全运行、实施列车安全防护的最后一道屏障，完成列车的安全防护和自动驾驶功能，其主要设备为车载道岔操作盘、车载控制主机及信标识别单元等。

（1）车载道岔操作盘，安装于车辆两端驾驶室，是人机交互接口，主要用于驾驶人办理前方进路。

（2）车载控制主机，包括运营调度主机及正线控制系统主机，是车载设备的核心单元，为双机冗余结构，用于处理各单元模块数据，并将处理结果反馈到相关单元或行车作业人员。

（3）信标识别单元，用于读出安装在地面道岔区域的无源电子标签，实现关键区域冗余定位。

对于车载系统中完成对车辆和司机调度任务的设备，主要包括车载智能调度终端、LCD 调度屏。

车载智能调度终端主要完成的功能包括定位、通讯、跟踪、智能调度、免提电话、防破坏、紧急报警、越界报警、分段限速报警、行驶记录存储/补报、自动报站、数据确认、远程监听等。

调度信息屏主要完成的功能包括文本显示、司机签到、发送状态、语音通话、报站信息显示及手动操作等。

2.3.4　信息发布设备

信息发布设备主要面向乘客，其目的是方便乘客了解有轨电车的运营情况及到站时间，从而合理安排行程计划，减少等待时间，提高系统的服务质量。信息发布设备主要包括：

（1）移动通信信息发布。移动通信信息发布的载体有无线集群通信网络、GSM 通信网络和 CDMA 网络等，目前比较成熟的技术有双向寻呼、短信息、GPRS 和 CDMA 等。无线集群通信是一种专用的通信网（例如深圳市的交通专用数字无线集群通信网），非常适用于生产运输部门调度工作；GSM 短信息拥有大量用户，可以发送简短文字信息；现在最新的 4G LTE 移动通信等移动设备均可以实现图文传输，方便地实现了手持终端上网的功能，拓宽了信息发布的应用范围。

（2）站点 LED 显示屏。站点 LED 显示屏信息发布是把控制中心制作、编辑的图文信息通过有线电视网络传送到 LED 显示屏上显示出来。现场 LED 显示屏信息发布的优点是分布面广、表现力强、播放时间自由、实现技术比较成熟，而且有线电视网络带宽高，可传输的信息量大。但是 LED 显示屏信息发布的缺点也比较明显，具体表现在 LED 显示屏投资较大、针对性差、用户不能自主访问信息、信息不能存储等。LED 应向乘客提供的信息包括下次到站时间、预测最近到达车辆距离站数、道路阻塞等异常信息、电车停车信息、交通换乘信息、到达车辆牌号信息等公交信息及日期与时间、票价、天气、文字新闻等公共信息。

　　此外，为降低投资费用，也可以采用静态路网图、静态站台换乘图高清喷绘的方式，向乘客展示乘车信息，内容包括站点名称（中、英文双语标识）、首末班车时间、本站换乘信息、附近的主要道路、公交线路、景点、主要单位、医院等静态地理信息，同时标示当前站点所处的地理位置等。

　　为保证有轨电车智能调度系统的及时响应、稳定运行、准确高效，需要先进的通信技术和设备将上述四大系统设备联系起来。采用第四代移动通信技术、场站有线宽带链路传输技术将监控和采集到的语音、文字、图像和数据等信息传输至统计分析中心，经过处理分析后将结果传输到调度中心，同时调度中心将行车调度命令和系统运行情况传递至车辆和站台的电子显示屏等终端。每个站台和车辆的信息仅为局部信息，而借助于该网络，系统能够充分地利用全局的信息进行决策。通过通信传输网络的双向通信和信息共享，各子系统组成一个有机的整体，如图 2-6 所示。

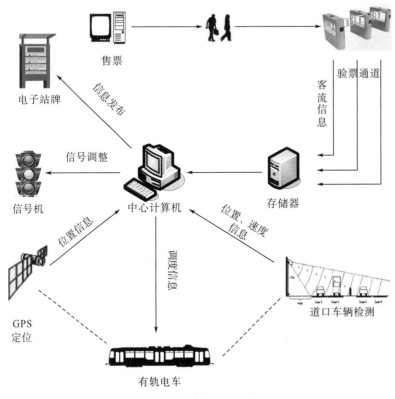

图 2-6　系统组成设备

第3章 现代有轨电车客流自适应排班模型

站点客流乘降量的大小直接决定有轨电车的发车间隔和停站时间。因此，构建合理的客流预测模型意义重大，不仅可以为发车时刻表的制定提供依据，而且有利于车辆的高效运用。合理的发车时刻表及停站时间在满足乘客出行需要的同时，更有利于提高有轨电车准点率，提升有轨电车系统服务水平，改善运营公司的企业形象。

3.1 客流影响因素分析

有轨电车站点的客流是动态的，因时因地而变化。影响客流量的因素很多，概括起来主要有城市经济发展水平、城市各功能区域的布局、人口密度、流动人口数量、国民收入、城市交通网的布局、客运服务的价格与质量、替代服务的价格与质量、政府的交通运输政策、私人交通工具的拥有量等。客流在时间和空间上存在不均衡性，只有研究掌握客流的变化规律，才能根据客流配置相应的运力，使其既满足运营公司的利益，同时又减少乘客的滞留时间。

(1)站点周围土地利用性质。站点周围土地利用性质的不同对客流有较大影响，如住宅区和产业园区，通常会在工作日产生大量的通勤、通学客流，公园、旅游景点及大型购物商场附近在节假日客流会激增。因而站点周围土地利用性质的改变对客流的影响不容忽视。

(2)特殊天气。当出现雨雪等恶劣天气时，地面交通受到较大影响，很多市民会改乘有轨电车，造成站点客流量普遍增大。此类客流对车站的冲击不会太大，但列车会比较拥挤，乘客上下车比较困难，从而导致电车停靠站时间的延长，导致行车间隔的变化。

(3)节假日。劳动节、国庆节等节假日是旅游、购物黄金期，大批游客的到来以及市民在节假日期间出行购物、休闲等会使有轨电车的客流量大幅上升，特别是商业区或旅游景点附近的车站，客流的冲击会很大。

(4)客流敏感点事件。有轨电车车站沿线可能分布着各种客流敏感点，如体育场、展览馆等，大型活动结束后，在短时间内会有大批的乘客涌入车站，给车站造成很大压力。此类活动多在周末举行，所产生的大客流的时间、规模等特点可以预见，其影响范围较小，通常对该活动地点附近的车站影响较大。又如站点周围发生车祸等不可预测事件，导致公交车等常规交通工具的运行受阻，乘客必然会选择不受影响的有轨电车。

3.2   客流预测模型构建

客流乘降量是制定有轨电车调度时刻表的依据。只有适应客流实际时空分布的调度方案，才有可能同时兼顾运营组织机构的高效率与高效益和保证为乘客提供高质量的服务水平两个方面。

3.2.1   客流预测理论研究与发展

1. 国外客流预测理论研究与发展

城市轨道交通客流预测比较成熟的方法有四阶段法和土地利用法，目前国外运用较多的方法是四阶段法，即出行生成、出行分布、方式划分和交通分配。其中，出行生成预测中最为常用的方法是交叉分类法，虽然该方法在进行出行生成预测时准确率较高，但是由于该方法对调查数据的需求量大，所以在应用时有一定的难度。

出行分布预测最常用的方法是重力模型法和增长系数法。重力模型法可以对出行状况发生变化的情况进行较为准确的预测，如城市客运体系中增加了轨道交通的情况；而增长系数法则适用于预测出行条件未发生变化或变化不大的情况。虽然国外轨道交通客流预测的理论和方法已经比较成熟，但是专门针对轨道交通站点进行客流预测的研究较少。

20世纪90年代初，俄罗斯亚历山大和鲁德涅娃[4]等，通过调查和分析苏联部分大城市快速轨道交通的发展现状，对快速轨道交通车站规模的确定、合理步行区的范围、快速轨道交通与非快速轨道交通之间的协调能力和接运距离，以及快速轨道交通枢纽的布局规划等方面进行了深入细致的研究。

Nabil Semaan[5]等通过分析地铁车站客流特性与站点服务能力的关系，建立了地铁车站服务水平评价模型，利用调查得到的地铁站点的评价指标对现有车站的服务水平进行了评价，并给出了改善的建议。

Steven[6]等对轨道交通沿线吸引范围和土地利用的关系进行了研究，建立了轨道交通线路吸引范围与土地利用类型的回归分析模型，并用其确定轨道交通线路的影响范围及客流大小。

Vladimir Marianov 和 Daniel Serra[7]在充分考虑货运枢纽规模与时间和费用之间的关系的基础上，建立了 0-1 线性规划模型，并采用 Tabu 启发示算法求解。所建模型的优点在于减少了变量和约束的个数，同时又能将每个需求点分到多个枢纽点上。但是，运用此模型进行计算时，OD 矩阵只能通过一个或两个枢纽点，该模型主要用于航空或货物运输枢纽规模的确定。

日本学者加藤·晃、竹内传史[8]在《城市交通和城市规划》一书中提到，轨道交通枢纽站点通常是象征性的设施，所以车站规模的确定必须从城市规划的角度予以认真研究，但未对车站规模的确定方法给出具体的方案。

Bates[9]探讨了现有交通系统换乘设施的改善措施，建议提高换乘设施的使用效率进而激励居民出行使用换乘。其研究只针对常规公交、城际客运及铁路方面对乘客提供的服务，同时根据交通系统服务及延伸地区的大小对换乘设施分类。研究除了介绍换乘设施的功能及形式外，还对各类换乘车站应具有的规模进行了说明。

Dickins[10]通过对欧洲和北美洲的 51 个城市的轨道交通进行调查，对于站点内部设施的位置、布局以及规模大小提出了适当的建议，并总结了影响站点设施的使用效率和规模的诸多因素。

综上可知，国外学者主要是从站点规划与建设的角度来考虑客流预测，而少有从客流对行车计划的影响出发对其进行较为精确的预测。

2. 国内客流预测理论研究与发展

李明、王海霞[11]通过对传统四阶段客流预测的分析，对交通出行方式分担率预测模型进行了改进，提高了客流量预测的准确性，为轨道交通车站站台尺寸及其他设施的设计提供了依据。

李三兵[12]对城市轨道车站客流特征、客流规律进行了分析，探讨了车站客流与车站服务设施之间的关系，对车站的设施设备规模进行了计算，对服务水平进行了客观评价。

张成[13]从运营阶段和规划阶段两个方面分析了城市轨道客流特征。着重从线网结构变化、票价因素、运营服务水平、社会经济用地影响四个大的方面对城市轨道交通客流敏感性进行分析，多方面剖析了预测结果可靠性较差可能存在的原因，并尝试引入置信度和置信区间的概念，采用数据评估程序，对可能产生的数据输入偏差和预测模型的畸变系数进行评估，修正原预测结果，以期达到提高预测结果可靠度的目的。

王宇萍[14]运用广义 Logit 非集聚模型建立了居民出行路径选择概率模型。在四阶段交通预测中出行生成预测和出行分布预测的基础上，建立基于车站客流吸引范围的轨道交通换乘站点进站客流量、出站客流量以及换乘客流量预测模型。

吴倩[15]对城市轨道交通客流预测模型进行了研究，根据各种交通方式与轨道交通之间的关系，引入竞争合作的方式划分策略，着重研究了常规公交和轨道交通竞争模型的建立，并对模型中包括时间价值在内的各参数进行了分析。

孙松伟[16]提出早期快速轨道-现状OD-远期快速轨道预测模式，该模式将交通OD调查的前期工作作为主要内容进行研究，在交通小区细化的基础上进行出行调查，通过客流预测结果来确定远期的快速轨道线网形式。

李际胜[17]等介绍了有轨电车车站、线路布置形式，从行人交通组织、乘客交通组织、路口交通组织、路段交通组织等方面对有轨电车的交通组织设计进行研讨。他们认为，在设计过程中，首先要根据城市道路网规划，深入研究、合理确定有轨电车的线路走向及其在道路断面中的位置，再结合沿线客流情况确定车站分布、布置原则，选择车站位置及结构形式。

李冀侃、方守恩[18]介绍了有轨电车延伸线客流预测方法在法国的实践。为了改善交通情况和提高公共交通的使用率，法国Clermont-Ferrand对该市一条有轨电车北延伸的可行性进行了研究。他以该市实际的交通情况为基础，使用经典四步骤法，完成了该有轨电车延伸段的客流预测。研究使用了法国交通软件MOSTRA。交通方式划分时使用了交通费用、行程时间舒适度以及换乘次数作为参数。

靳朝阳[19]结合吉林市轨道交通线网规划客流预测工作前期调查的相关数据，提取出轨道交通客流预测的敏感性因素并进行分析，针对客流差异提出了相应的对策和措施。此外，还介绍了敏感性分析法的定义、目的、分类和步骤，在客流预测模型的四个阶段选出影响城市轨道交通客流预测的影响因素。

陈满达、李晓龙[20]通过对上海市轨道交通系统客流历史数据的深入分析，在引入平假日系数的同时，提出了小时系数的概念，并建立了基于平假日系数和高峰小时系数的城市轨道交通站点客流神经网络预测模型。

邓浒楠、朱信山[21]等提出一种基于多核最小二乘支持向量机的公交客流预测方法。该方法既考虑到了公交客流的历史数据规律，又顾及了短期公交客流的时变特性，充分利用了相关参数的知识信息，为了保证模型的自适应能力和提高模型的泛化能力，他们提出了综合评价指标，并采用改进遗传算法实现向量机参数优化。

许俊、王登[22]等在研究城市轨道交通的断面客流特征的基础上，建立了基于动态反馈神经网络的城市轨道交通短期客流预测模型，提出通过若干组连续历史断面客流数据训练动态连续的神经网络，以此对未来客流进行预测。

邹巍、陆百川[23]等针对轨道交通短时客流具有动态性、非线性、不确定性的特点，提出一种基于遗传算法与小波神经网络的轨道交通短时客流预测方法。该方法利用具有全局搜索最优的遗传算法优化小波神经网络，有效地避免了神经网络易陷入局部最小值的缺陷。

国内外学者在理论模型及模拟仿真等方面做了大量的工作，取得了丰硕的研究成果，极大地丰富了有轨电车调度与控制理论，但上述研究仍存在诸多不足。当前研究多采用较为复杂的算法和模型，具有深厚的理论基础和学术价值，但普遍缺乏实用性，在实际应用中操作性不强。此外，针对有轨电车站点客流预测的研究较少，尤其是短期预测，研究成果更少，且不能兼顾客流的长期趋势与波动性。

3.2.2　客流预测问题分析

在有轨电车线路的规划阶段，客流乘降量可以采用客流调查法或者历史数据资料获得。其中，前者是采用全面客流调查、乘客情况抽样调查、断面客流目视调查、节假日客流调查等方式，将调查资料用适当的统计方法汇总计算获得。对于后者，是在现有其他交通方式(常规公交、快速公交等)提供的运力条件下，客流分配的一种状态。

在客流预测方面，各国研究学者已经将很多方法用于短时交通量预测中，例如 ARMA 模型[24]、神经网络模型[25]、支持向量机[26]、灰色预测模型[27]、卡尔曼滤波[28]等，由于这些模型算法的自身特性及适用条件，模型的预测精度、实时性以及可移植性等都很难得到保证。而对短时公交客流预测方面的研究则相对较少，在实际中的应用更少，有必要结合车流预测的一些理论方法对公交短时客流预测进行进一步深入的研究。

城市经济发展水平对居民出行方式有着深刻的影响，因而有轨电车站点客流量有其自身的长期发展规律。同时，站点客流预测属于短时客流预测，受随机事件的影响较大，以静态的历史数据分析已经无法满足实际应用的要求。故找出一种兼顾长期趋势与随机因素影响的预测方法对提高站点客流量预测精度尤为重要。

本书采用统计学方法来对客流进行预测，收集全年各个站点的客流数据，对其进行分类并建立数据库。预测某天的客流，只需调用数据库中同类型的历史数据，所调用的数据利用非参数检验方法进行分布检验，根据所属分布，预测该天的客流。去除数据库中与预测当日相同日期的历史数据，添加所预测当日的实际数据，从而对数据库进行更新。由于上下行线的对称性，本节仅以上行进行研究，下行方向可由相同的方法来解决。

3.2.3　基于客流历史数据的客流预测模型构建

根据运营部门所记录的全年的历史数据，考虑天气、日期、敏感点事件等多重影响因素，对其进行划分，建立相应的客流数据库，当需要预测某天的客流时，只需根据其性质调用数据库中数据，考虑其统计特征，引入统计检验方法，根据所属分布特征，预测相应的客流，并对客流数据库进行实时更新，从而为制定合理的发车时间做好准备工作。

1. 客流历史数据划分并建立数据库

对于第 i 站，将有轨电车的运营时间区间 [run_begin，run_end] 划分为 h 个时段，即

$$[\text{run\_begin}, \text{run\_end}] = [\text{run\_begin}, \text{run\_begin} + \Delta t] + [\text{run\_begin} + \Delta t,$$
$$\text{run\_begin} + 2\Delta t] + \cdots + [\text{run\_begin} + (h-1)\Delta t, \text{run\_end}] \quad (3\text{-}1)$$

式中，Δt——统计时间长度；

　　run_begin——有轨电车运营开始时刻；

　　run_end——有轨电车运营结束时刻。

根据相关实践，客流的升降会随日期（工作日、节假日）、时段（高峰、平峰）、天气（正常天气、特殊天气）、敏感点事件（集会、政治事件）等因素变化，本书对日期的划分特指全年所有星期当中的某一天。

依据上述条件，可对所采集的全年客流历史数据进行参数化表达，如图 3-1 所示。

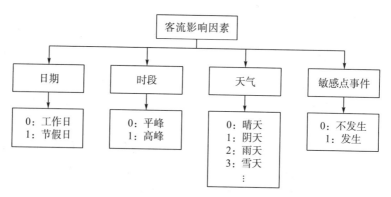

图 3-1　客流影响因素的参数化表示

通过上述流程进行编码，将全年所收集的客流数据整理成客流数据库(图 3-2)。

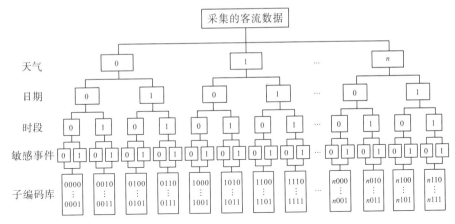

图 3-2　历史客流数据库编码示意图

根据上述建立的客流数据库，给出全年第一周某一天的客流数据存储模板，如表 3-1 所示。

表 3-1　全年第一周某一天的第 i 站上下车人数数据

序号	时间	天气状况	上车人数	下车人数
1	[run_begin, run_begin+Δt]	雨天	passager_up(i, 1)	passager_down(i, 1)
2	[run_begin+Δt, run_begin+2Δt)	雨天	passager_up(i, 2)	passager_down(i, 2)
3	[run_begin+2Δt, run_begin+3Δt)	雨天	passager_up(i, 3)	passager_down(i, 3)
$\vdots$	$\vdots$		$\vdots$	$\vdots$
h	[run_begin+(h-1)Δt, run_end)	非雨天	passager_up(i, h)	passager_down(i, h)

表 3-1 中，passager_up(i, m)和 passager_down(i, m)分别表示第 i 个车站的第 m 个采集客流数据时刻点的上车人数和下车人数，其中，$i=1, 2, \cdots,$ station；$m=1, 2, \cdots, h$。

2. 客流数据库使用与更新

统计乘降量分布函数之前，需要调用历史客流数据。依据对已有数据的划分，判断当前的日期、天气情况、站点的预测时段、线路环境情况，对应数据的分类情况，调用已经存储的该类数据。

城市土地开发与经济发展必然会对居民的出行方式产生影响，因此，早期的数据对预测的精度产生不利影响。为提高预测的精度，必须实现存储数据的实时更新。将当天该站点不同时段、不同因素条件下的实时数据按已有类别存储到相应的存储空间，替换同类型的早期数据，完成对存储信息的更新，从而为准确的预测提供数据支持，流程如图 3-3 所示。

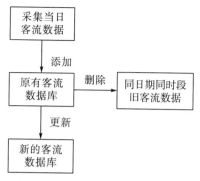

图 3-3　客流数据库更新流程图

3.2.4　基于统计方法的客流预测模型

实践证明，在有轨电车运营时间内，各站点的客流一般服从正态分布，考虑到客流会受到突发事件等因素干扰，可能服从非正态分布。为了明确客流数据的统计特征，本书采用统计学手段对客流数据进行系统分析(图 3-4)，主要运用参数检验与非参数检验。

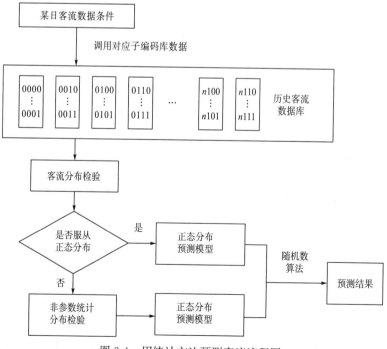

图 3-4　用统计方法预测客流流程图

1. 客流乘降量分布的参数检验

根据一般性，客流乘降量在无随机干扰的情况下服从正态分布，其统计特征为

$$X \sim N(\mu, \sigma^2)$$

$$f(x) = \frac{1}{\sqrt{2\pi}\sigma} e^{-\frac{(x-\mu)^2}{\sigma^2}}$$

　　　(3-2)

式中，μ——相同条件(日期、天气、事件)下相同统计时段的客流数据的均值；

σ^2——相同条件(日期、天气、事件)下相同统计时段的客流数据的方差。

仅对数据做出符合正态分布的估计是不够的，需要对其进行假设检验，其检验过程如下。

客流乘降量的分布拟合 χ^2 检验：分布拟合 χ^2 检验是统计学中用来检验总体样本是否服从正态分布的一种检验方法，比较实际结果与期望结果之间的偏差，偏差越小说明其越接近正态分布，反之亦然。现对其检验过程进行详细阐述。

步骤 1：根据预测时段的具体日期、天气、突发事件，从历史数据中调取符合该预测第 i 站某个时段条件的所有数据，构成一个集合 A，作为总体样本 X，将样本 $X = \{x_1, x_2, \cdots, x_n\}$ 适当划分成 r 个互不相交的子区域：A_1，A_2，$\cdots$，A_r，使其满足

$$A = \bigcup_{i=1}^{r} A_i, A_i A_j = \varnothing (i \neq j = 1, 2, \cdots, k)$$

　　　(3-3)

步骤 2：再统计出总体样本 X 的数值出现在各个 $A_i (i = 1, 2, \cdots, r)$ 中的实际频数 n_i，即 n_i 表示 n 次观察中事件 $\{X \in A_i\}$ 出现的次数，实际上表现为样本值 x_1，x_2，$\cdots$，x_n 中落入 A_i 子集的个数。

步骤 3：在假定所选用的客流历史数据服从正态分布的前提下，分别求出观测值落入 A_i 的期望频数 E_i，若令

$$p_i = P\{X \in A_i \mid 该组客流数据服从正态分布\} (i = 1, 2, \cdots, r)$$

则有 $\sum_{i=1}^{r} p_i = 1$，不妨假定 $p_i > 0$(不然则适当修改划分，使 $p_i > 0$ 成立)，则

$$E_i = np_i (i = 1, 2, \cdots, r)$$

　　　(3-4)

实际上，其 p_i 依赖于客流数据服从正态分布中参数 μ、σ^2，故以估计值 $\hat{p}_i$ 代替 p_i 得到期望频数 E_i 的估计

$$E_i = n\hat{p}_i$$

　　　(3-5)

总体客流样本 $X \sim N(\mu, \sigma^2)$，其中 μ、σ^2 未知，用极大似然法估计确定这两个未知参数。

$$\mu = \bar{x}, \sigma^2 = \frac{1}{n} \sum_{i=1}^{n} (x_i - \bar{x})^2 \tag{3-6}$$

由 $p_i = \Phi\left(\dfrac{a_i - \mu}{\sigma}\right) - \Phi\left(\dfrac{a_{i-1} - \mu}{\sigma}\right)$，其中 a_{i-1}、a_i 分别是第 i 个子区域的最小值与最大值。

步骤 4：考虑统计量

$$\chi^2 = \sum_{i=1}^{r} \frac{(n_i - E_i)^2}{E_i} = \sum_{i=1}^{r} \frac{(n_i - np_i)^2}{np_i} \sim \chi^2(r - m - 1) \tag{3-7}$$

式中，χ^2——实际客流结果与理想期望结果的相对差异的总和；

m——被估计的分布参数的个数，其中正态分布含有两个参数，$m = 2$。

当 $\chi^2 < \chi_\alpha^2(r - 3)$ 时，说明客流总体样本 X 服从正态分布，否则不服从正态分布。其中 α 为显著性水平，通常取 0.05。

2. 客流乘降量分布的非参数检验

客流在受到随机因素干扰的情况下，服从非正态分布，由于其分布未知，引入非参数检验方法。科尔莫格洛夫提出的 Kolmogonov 检验适用于除正态分布之外的其他分布，现进行详细阐述。

步骤 1：客流数据样本的经验分布函数 $F_n(x)$，其假设分布函数为 $F(x)$，根据 Kolmogonv 定理，可得以下公式：

$$\sqrt{n} D_n = \sqrt{n} \sup_{-\infty < x < \infty} |F_n(x) - F(x)| \tag{3-8}$$

式中，$p\{\lim_{n \to \infty} D_n = 0\} = 1$，表示经验分布函数 $F_n(x)$ 以概率 1 一致收敛到 $F(x)$。

步骤 2：由于客流分布函数 $F(x)$ 呈现连续性，则 $\sqrt{n} D_n$ 的极限分布函数 $K(x)$ 为

$$K(x) = \begin{cases} \sum_{k=-\infty}^{+\infty} (-1)^k e^{-2k^2 x^2}, & x \geqslant 0 \\ 0, & x < 0 \end{cases} \tag{3-9}$$

提出假设问题 H_0：客流数据样本 X 服从非正态分布，即 $F(x) = F(x_0)$，做显著性检验。

步骤 3：给出显著性水平 α，客流数据样本个数 n，查 Kolmogonov 表得出：

$$D_{n,\alpha} = K_\alpha(n) / \sqrt{n} \tag{3-10}$$

设定 H_0 的拒绝域为 $D_n \geqslant D_{n,\alpha} = \dfrac{K_\alpha(n)}{\sqrt{n}}$。

步骤 4：列出 K 氏检验计算表，计算 D_n，若 $D_n \geqslant D_{n,\alpha} = K_\alpha(n) / \sqrt{n}$，则应拒绝；否则接受 H_0，其中 $p\{\sqrt{n} D_n \geqslant K_\alpha(n)\} = \alpha$。

可由 Kolmogonov 分布表，有 $p\{\sqrt{n}D_n \leqslant K_a(n)\} = 1 - \alpha$ 查得 $K_a(n)$ 的值，或可由 Kolmogonov 检验的临界值 $D_{n,a}$ 表直接查出 $D_{n,a}$ 的值。

3. 检验结果分析

以某天为非节假日周一为例，由于无法预知是否发生突发事件，不考虑该因素的影响。根据天气预报得知各个统计时段的天气状况，调用数据库中全年的所有非节假日周一各个站点各个统计时段的数据，并一一对应。首先随机选取其中一组客流乘降量数据进行参数检验，即分布拟合 χ^2 检验，其检验结果分为以下两类。

1）服从正态分布

基于分布拟合 χ^2 检验，该组数据服从正态分布 $X \sim N(\mu, \sigma^2)$，由客流数据得 $\mu = \bar{x}$，$\sigma^2 = \dfrac{1}{n}\sum_{i=1}^{n}(x_i - \bar{x})^2$。根据客流统计特征，其客流峰值区间在其分布曲线中间段，选用其作为第 i 个站点某个统计时段的客流预测依据。

选定客流峰值区间 (x_1, x_2)，μ 为该区间的两端点的均值（图 3-5），落入峰值区间的概率为

$$p\{x_1 \leqslant X \leqslant x_2\} = \int_{x_1}^{x_2} \frac{1}{\sqrt{2\pi}\sigma} e^{-\frac{(x-\mu)^2}{\sigma^2}} \mathrm{d}x = \Phi\left(\frac{x_2 - \mu}{\sigma}\right) - \Phi\left(\frac{x_1 - \mu}{\sigma}\right)$$

$$(3\text{-}11)$$

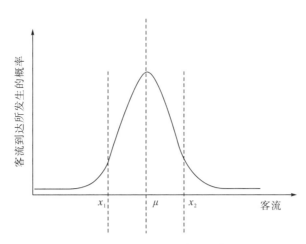

图 3-5　客流服从正态分布的峰值区间

其概率大小依实际情况而定，假定客流数据落入峰值区间的概率为 p_1，那么 $\Phi\left(\dfrac{x_1 - \mu}{\sigma}\right) = \dfrac{1 - p_1}{2}$，$\Phi\left(\dfrac{x_2 - \mu}{\sigma}\right) = \dfrac{1 + p_1}{2}$，从而求出客流峰值区间。

从图 3-6 可以看出，当客流达到均值时，发生的概率最大。

客流乘降量的预测结果具有随机性，结合随机数产生算法[29]，依据其分布产生的随机数即为预测的结果。对于预测服从正态分布的客流乘降量，选用线性同余法进行预测。

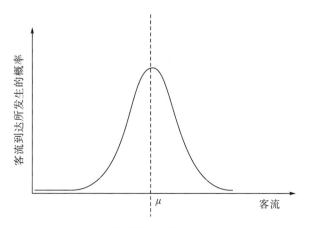

图 3-6　客流数据服从正态分布图

采用线性递推公式：

$$x_{n+1} = \xi x_n + c\,(\operatorname{mod} M)$$
$$0 \leqslant x_{n+1} < M$$

(3-12)

式中，ξ——乘子；

c——增量；

M——模数。

产生客流乘降量预测随机数列：

$$l_n = x_n/M$$

(3-13)

式中，l_n——第 n 个客流乘降量预测随机值，$0 \leqslant l_n < 1$。

根据上述方法得出一组服从正态分布的客流随机数：l_1，l_2，$\cdots$，l_n，将其带入式(3-14)中：

$$x = \left(\sum_{i=1}^{n} l_i - \frac{n}{2} \right) \Big/ \sqrt{\frac{n}{12}}$$

(3-14)

根据中心极限定理可知：随机变量 $X \sim N(0,\,1)$，由 $Y = \sigma X + \mu \sim N(\mu,\,\sigma^2)$，从而得出服从正态分布的客流乘降量预测结果。

2）服从非正态分布

若经上述检验服从非正态分布，说明所取客流数据受到随机因素干扰，对其采用非参数检验，得出其所属分布。

对经参数检验后服从非正态分布的客流进行 Kolmogonov 检验，得出该组数据服从何种分布。鉴于存在多种常见分布，如指数分布、均匀分布及未知分布等，为了达到简化问题的目的，引入统计学中的中位数。统一采用中位数作为客流预测依据，将该组客流数据样本 $\{x_1, x_2, \cdots, x_n\}$ 依次排序列成 $\{x_{(1)}, x_{(2)}, \cdots, x_{(n)}\}$ 排，其中间值即为中位数。

$$x_e = \begin{cases} x_{(v+1)} & n = 2v+1 \\ \dfrac{1}{2}(x_{(v)} + x_{(v+1)}) & n = 2v \end{cases} \tag{3-15}$$

式中，x_e——所调用的客流数据的中位数。

依据上述分析，预测其第 i 站某个时段的客流，调用客流数据库中同性质的数据，经参数检验，若该组数据服从正态分布，那么利用随机数算法产生该时段的客流预测值；若该组数据服从非正态分布，则选取该组数据中的中位数 x_e 作为该时段的客流预测值。

3.3　制定发车时刻表

3.3.1　时刻表问题分析

本书通过选取一定时间段，计算各个站点上车与下车人数之差，即净上车人数，选取该时段最大净上车人数。按照给定的有轨电车最大满载率，计算发车班次数目与相邻班次发车时间间隔，从而在各个时段产生均一的发车间隔，考虑兼顾运营方与乘客之间的利益，选取最小发车间隔与最大发车间隔来约束所计算的发车间隔。根据上述约束，考虑高平峰时段对客流的影响，结合其所处的时段，确定合理的发车间隔，从而制定有轨电车发车时刻表(图 3-7)。

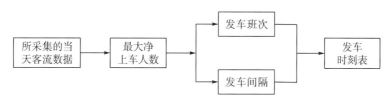

图 3-7　制定发车时刻表流程

3.3.2　发车时刻表模型

基于上述所预测的客流数据，划分合理的均匀时段是制定发车时刻表重要依

据。首先将有轨电车的运营时间［run＿begin，run＿end］划分为$\frac{h}{b}$个子区间，其子区间为

［run＿begin，run＿end］＝［run＿begin，run＿begin＋$b\Delta t$］＋［run＿begin＋$b\Delta t$，run＿begin＋$2b\Delta t$］＋…＋［run＿begin＋$(h-b)\Delta t$，run＿end］，
其中b为大于1的正整数。

1. 最大净上车人数

各个站点在$b\Delta t$时间内上车人数与下车人数形成净上车人数（图3-8），为满足所有站点的客流需求，选取各站点中最大承载断面，即最大净上车人数。最大净上车人数取选定的时间段内各站点中的最大值：

$$\text{max\_net\_up}(w)=\max\{\text{passager\_up}(s，m)-\text{passager\_down}(s，m)\}$$

$$(3\text{-}16)$$

式中，$\text{max\_net\_up}(w)$——在第w个$b\Delta t$时间内，各个站点最大净上车人数；

$w=1，2，…，\dfrac{h}{b}$；

$i=1，2，…，\text{station}$；

$m=1，2，…，h$。

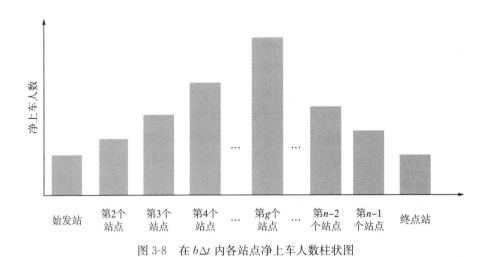

图3-8　在$b\Delta t$内各站点净上车人数柱状图

2. 发车班次数

在任意$b\Delta t$时间内，选取最大净上车人数$\text{max\_net\_up}(w)$和给定的有轨电车平均满载水平ave_load，前后两者的比值即为在该时段内所需的发车班次数。

$$schedule \_ num(w) = \frac{max \_ net \_ up(w)}{ave \_ load} \tag{3-17}$$

式中，schedules _ num(w)——在第 w 个 $b\Delta t$ 时间内安排发车班次数；

　　　　ave _ load——有轨电车的平均满载水平。

3. 相邻班次发车时间间隔

根据 $b\Delta t$ 时间内所需班次确定相邻班次发车时间间隔：

$$depart \_ span(w) = \frac{b\Delta t}{schedule \_ num(w)} \tag{3-18}$$

式中，dapert _ span(w)——在第 w 个 $b\Delta t$ 时间内相邻班次之间发车时间间隔。

一方面，如果发车过早，即前后两班的间隔时间过短，将有可能使后一班车的满载率降低，从而影响了运营方的收益。另一方面，如果发车过晚，则过长的间隔时间将导致乘客等候时间延长，从而降低了服务水平。因此既要兼顾运营方的效率效益，又要保证较高的服务质量，以及考虑到实际运营的可能，本书以最小发车间隔和最大发车间隔作为实际调度的时间窗约束。

考虑到高峰时段与平峰时段对客流的影响，对高平峰进行标示。根据经验，7:00－9:00 是早高峰时段，17:00－19:00 是晚高峰时段，其余为平峰时段，即高峰时段起止时刻为

$$\begin{cases} morning \_ peak \_ begin = 7 \times 60 \\ morning \_ peak \_ end = 9 \times 60 \\ evening \_ peak \_ begin = 17 \times 60 \\ evening \_ peak \_ end = 19 \times 60 \end{cases} \tag{3-19}$$

式中，morning _ peak _ begin——早高峰时段的开始时刻；

　　　　morning _ peak _ end——早高峰时段的结束时刻；

　　　　evening _ peak _ begin——晚高峰时段的开始时刻；

　　　　evening _ peak _ end——晚高峰时段的结束时刻。

若预测某时段的发车间隔在高峰时段内，按以下几种情况进行发车：

①当其预测的发车间隔小于最小发车间隔，按最小发车间隔进行发车；

②当其预测的发车间隔介于最小发车间隔与最大发车间隔之间，按所预测的发车间隔进行发车；

③当其预测的发车间隔大于最大发车间隔，按最大发车间隔进行发车。

可将上述几种情况用下式表示：

$$depart\_span(w)=\begin{cases}min\_interval\_peak,\\ \text{if } depart\_span(w)<min\_interval\_peak\\ depart\_span(w),\\ \text{if } min\_interval\_peak\leqslant depart\_span(w)\leqslant max\_interval\\ \_peak\\ max\_interval\_peak,\\ \text{if } depart\_span(w)>max\_interval\_peak\end{cases}$$

$$(3\text{-}20)$$

式中，$min\_interval\_peak$——高峰时段最小发车间隔，min；

$max\_interval\_peak$——高峰时段最大发车间隔，min。

同理，若预测某时段的发车间隔在平峰时段内，与在高峰时段内考虑的发车情况一样，即

$$depart\_span(w)=\begin{cases}min\_interval\_general,\\ \text{if } depart\_span(w)<min\_interval\_general\\ depart\_span(w),\\ \text{if } min\_interval\_general\leqslant depart\_span(w)\leqslant max\_\\ interval\_general\\ max\_interval\_general,\\ \text{if } depart\_span(w)>max\_interval\_general\end{cases}$$

$$(3\text{-}21)$$

式中，$min\_interval\_general$——平峰时段最小发车间隔，min；

$max\_interval\_general$——平峰时段最大发车间隔，min。

有轨电车各时间段发车班次与发车间隔如表 3-2 所示。

表 3-2　有轨电车各时间段发车班次与发车间隔

序号	运营区间	发车班次数	发车间隔
1	$[run\_begin,\ run\_begin+b\Delta t]$	$schedule\_num(1)$	$dapert\_span(1)$
2	$[run\_begin+b\Delta t,\ run\_begin+2b\Delta t]$	$schedule\_num(2)$	$dapert\_span(2)$
3	$[run\_begin+2b\Delta t,\ run\_begin+3b\Delta t]$	$schedule\_num(3)$	$dapert\_span(3)$
$\vdots$	$\vdots$	$\vdots$	$\vdots$
$\frac{h}{b}$	$\left[run\_begin+\left(\frac{h}{b}-1\right)\Delta t,\ run\_end\right]$	$schedule\_num\left(\frac{h}{b}\right)$	$dapert\_span\left(\frac{h}{b}\right)$

3.4　车底运用方案智能调度模型与算法

3.4.1　车底问题分析

在确定了上下行两个运行方向所有班次的调度时刻之后，需要进一步安排每个班次所担当的车底，即确定车底运用计划。

有轨电车的车底到达终点站后可继续运行，因此需要的有轨电车车底数目少于其两个运行方向的班次数目之和。实际中，列车从始发站出发后，运行一段时间到达该方向上的终点站，经过必要的折返时间之后，该车底可以担当另一个运行方向的某个班次。也就是说，一个车底可以担当上下行之间的多个班次。值得注意的是，车底在上下行的班次之间交替使用，必须要保证时间能够接续得上。

本书根据相同方向上班次的序贯性以及不同方向运行线之间的接续，确定车底运用方案。车辆合理的配置数目是随之的另一个结论。

3.4.2　车底运用方案建模

首先，下行方向的车底，运行到其终点站并经过折返停留后，能够接续一个最近的上行方向的班次，如图 3-9 所示。

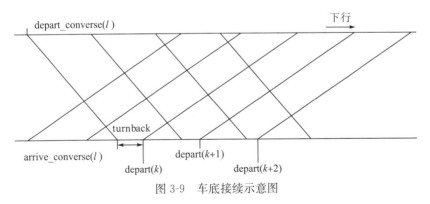

图 3-9　车底接续示意图

图 3-9 中，turnback——折返时间标准，min；
depart(k)——上行方向第 k 个班次在始发站的发车时刻，$k = 1$，2，…，schedules；
dapert_converse(l)——下行方向第 l 个班次在始发站的发车时刻，$l = 1$，2，…，schedules_converse；

arrive_converse(l)——下行方向第 l 个班次到达运行方向终点站的时刻，$l=1$，2，$\cdots$，schedules_converse。

在图 3-9 中，下行第 l 条运行线到达终点站后，在其完成折返前，上行第 k 条运行线就已出发，即 arrive_converse(l)+turnback>depart(k)。而上行第 k+1 条运行线及其以后都能够完成接续，显然第 $k+1$ 条运行线是最近的。

下行方向的每个车底，能够接续的最近的上行方向的班次序号为

$$\text{connect\_converse}(l) = \text{argmin}\{c：\text{arrive\_converse}(l) + \text{turnback} \leqslant \text{depart}(k+1)\}$$

(3-22)

式中，connect_converse(l)——下行方向第 l 个班次的车底能够接续的最近的上行方向的班次，$l=1$，2，$\cdots$，schedules_converse。

同理，上行方向的车底，接续的最近下行方向的班次序号为

$$\text{connect}(k) = \text{argmin}\{j：\text{arrive}(k) + \text{turnback} \leqslant \text{depart\_converse}(l+1)\}$$

(3-23)

式中，connect(k)——上行方向第 k 个班次的车底能够接续的最近的下行方向的班次，$k=1$，2，$\cdots$，schedules。

上行的任意一个班次需要一个车底，也仅仅只需要一个，只能从中选择一个。由于同方向上班次具有始发站出发、终点站到达的时间先后顺序，所以车底安排也满足序贯性，即有严格不等关系：

$$\text{assign\_converse}(k) < \text{assign\_converse}(k+1) \tag{3-24}$$

式中，assign_converse(l)——下行方向第 l 个班次的车底能够接续的上行方向的班次序号，$l=1$，2，$\cdots$，schedules_converse。

上行方向也有类似关系成立。

$$\text{assign}(l) < \text{assign}(l+1) \tag{3-25}$$

式中，assign(l)——上行方向第 l 个班次的车底能够接续的下行方向的班次序号，$l=1$，2，$\cdots$，schedules。

由于最近接续班次仅考虑了理论上的接续，有可能出现这种现象：下行几条运行线都能够接续上行某个班次，如图 3-10 所示。

在图 3-10 中，下行第 $l-1$ 个和第 l 个班次到达终点站并完成折返后，都能够接续上行的第 c 条运行线。显然，应该安排第 $l-1$ 条运行线的车底给上行的这条运行线。下行第 l 条运行线车底的去向依次向后顺延。

综上分析，根据同方向上班次的序贯性以及不同方向之间运行线的接续，确定车底运用方案。

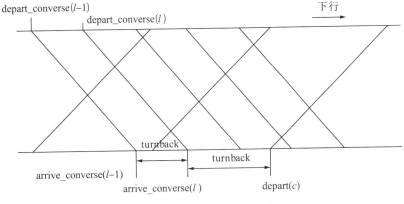

图 3-10　车底接续序贯性示意图

（1）上行方向运行线的车底担当下行方向运行线

$$\text{assign}(k)=\begin{cases}\text{assign}(k-1)+1, \text{ if connect}(k)=\text{assign}(k-1)\\ \text{connect}(k), \text{ otherwise}\end{cases} \quad (3\text{-}26)$$

（2）下行方向运行线的车底担当上行方向运行线

$$\text{assign\_converse}(l)=\begin{cases}\text{assign\_converse}(l-1)+1,\\ \text{if connect\_converse}(l)=\text{assign\_converse}(l-1)\\ \text{connect\_converse}(l), \text{ otherwise}\end{cases}$$

$$(3\text{-}27)$$

3.4.3　合理车底数

上行方向需要新安排车底的班次集合为

$$\text{tram\_new}=\left\{k:\sum_{i=1}^{\text{schedules\_converse}} I(k,\text{assign\_converse}(d))=0\right\} \quad (3\text{-}28)$$

$$I(k,\text{assign\_converse}(d))=\begin{cases}1, \text{ if } k=\text{assign\_converse}(d)\\ 0, \text{ otherwise}\end{cases}, I(k,\text{assign\_}$$

$\text{converse}(d))$——其物理意义：当 $k=\text{assign\_converse}(d)$ 时，下行方向担当第 d 条运行线的车底经折返后，将继续担当第 k 条上行运行线的车底。

式中，tram_new——上行方向需要新安排车底的班次集合；

类似地，下行方向需要新安排车底的班次集合为

$$\text{tram\_new\_converse}=\left\{l:\sum_{i=1}^{\text{schedules}} I(l,\text{assign}(d))=0\right\} \quad (3\text{-}29)$$

式中，tram_new_converse——下行方向需要新安排车底的班次集合。

以上两个集合中班次的车底都来源于新开，而不能由另外运行方向接续，这

也正是系统运行过程中的运用车数目：

$$tram\_use = \|tram\_new\| + \|tram\_new\_converse\| \tag{3-30}$$

式中，$\|g\|$——集合元素的个数；

  $tram\_use$——运用车底数目。

  平均每个车底担当的运行线数：

$$per\_tram\_schedule = \frac{schedules + schedules\_converse}{tram\_use} \tag{3-31}$$

式中，$per\_tram\_schedule$——平均每个车底担当的运行线数。

  除了运用车之外，出于运行安全的考虑，车辆需要定期进行检修。另外，为了适应客流变化、临时紧急的运输任务以及预防运用车发生故障，还应储备若干技术状态良好的车辆。综合这两方面分析，系统需要配置车底数：

$$tram\_total = \frac{tram\_use}{1 - reverse\_percentage} \tag{3-32}$$

式中，$reverse\_percentage$——车辆备用率；

  $tram\_total$——配置车底数。

第4章　现代有轨电车交叉口信号协调控制模式

平面交叉口是有轨电车与社会车辆、非机动车、行人等交通方式汇集、转向和疏散的必经之地，是交通的咽喉。与有轨电车运行存在冲突的车辆和行人是影响车辆行车安全的主因，为此有必要对交叉口信号进行协调控制。考虑平面交叉口实际交通状况，制定相应的信号协调控制策略，在保证各交通参与因素自身安全的前提下，合理分配交叉口有限的空间和时间资源，提高交叉口的通过能力及服务水平，努力避免拥堵的发生。

4.1　轨道交通优先理论研究与发展

1. 国外轨道交通优先理论研究与发展

在国外，考虑到现代有轨电车的运营会受到沿线道口的信号配时方案，如相位差、周期、绿灯时间长度的限制[30]，一些欧洲国家根据路口信号灯的配时方案，调整有轨电车的运营时刻表，从而使有轨电车相比于公交车更具有信号优先。

德国在有轨电车线路密集区域，为有轨电车单独设置了一套有轨电车专用信号灯，与路口车辆信号灯分离[31,32]，但将两套信号系统相互协调，以实现有轨电车的信号优先。

为保证有轨电车的运营效率、安全通过道口，英国的诺丁汉市通过在道口布置检测器，实现有轨电车在大多数的信号控制道口享有优先通行权[33]。该市采用的有轨电车检测系统由四个检测线圈构成，沿着有轨电车行车方向依次为前置检测器、需求检测器、停车线检测器、取消检测器，其中前三者布置在有轨电车进口道，后者布置于出口道，确认有轨电车安全通过道口。该系统还能够优化后续相位阶段的绿灯开启时间，减少冲突流在道口不必要的等待时间。

公交信号优先方面，荷兰学者[33]研究并实施了公交车辆在道口的有条件信号优先方法，结果显示，社会车辆延误在公交车辆绝对优先条件下成倍增长，但在有条件优先下却变化不大。也有学者将动态交通信号优化算法应用于公交信号优先，公交车辆在道口的到达时刻和驶离时刻都不再是常量[34]，而是与时间相关的变量，公交优先请求根据实际交通流条件赋予适当优先权值。

华盛顿学者[35]在利用车辆检测器预测公交到达道口时间的基础上，提出了公交优先控制算法，指出检测到的公交车辆的时刻与公交车辆实际到达道口的时间间隔较小，从而限制赋予信号优先的程度，尤其是在行人过街清空时间较长时，这类限制更加明显，这是一种从控制策略角度降低公交车辆运行波动的实例。

2. 国内轨道交通优先理论研究与发展

随着我国经济的快速发展，机动车保有量持续快速增长，道路建设滞后于机动车的增长，导致城市现有的道路功能变得混乱而低效，混合交通是我国城市交通最为显著的特点，多种交通流在道口交汇容易造成拥堵。因此国内许多学者专家结合国情，从不同的角度对有轨电车的信号控制系统进行了深入研究。

李凯、毛励良[36]等研究了不同等级道路相交道口的交通流的组成特性，并以此为依据，确定各相交等级道口的信号配时策略，建立了适用于有轨电车运行特性的配时方案参数计算公式。

沈阳浑南新城为了协调有轨电车与其他道路交通流的通行矛盾，根据实时补偿的原则制定信号控制方案，该方案可以有效提高道口的通行能力，实现有轨电车和社会车辆良好协调，减小社会车辆的平均延误[37]。

同济大学的学者[38]讨论了由于有轨电车的过弯及行车优先权，按通常方法进行配时严重影响交通效率的情形，为保证同一运行方向的有轨电车到达某个特定的交叉口时都能规律性地绿灯通过，各交叉口的信号周期设定为整数倍关系，通过交叉口拓扑分析结构的定义规则和交叉口运行图的表示方法，以提高有轨电车的旅行速度为目标，构建了有轨电车时刻表与交叉口绿灯信号配时优化的整数规划模型，可以兼顾有轨电车晚点情况、能耗与乘坐舒适性、其他社会车辆交通效益等因素，为有轨电车编制出综合运行速度最快的运行图。

李盛、杨晓光[37]提出以实时补偿原则来处理有轨电车与其他交通流的通行矛盾，以实现通行能力的最大化。鉴于电车与社会交通之间存有干扰的特性，决定其在交通组织方面有不同于其他轨道交通的特性。这种特性集中体现在与社会车辆通行权的矛盾上。解决这一矛盾需从宏观和微观两个层次对交通做好相应的整体调整和细部设计。

国内专家主要从两个方面对公交信号实时优先进行了研究：一方面，对主动优先控制中遇到如针对公交车辆与社会车辆效益相矛盾时，如何进行效益平衡，以及当出现多公交车同时申请信号优先时，如何处理优先排序等实践中的问题，展开了深入研究；另一方面，提出了基于一定规则、基于滚动优化和基于智能算法的信号优化控制方案。信号实时优先策略中，研究的最主要目标还是公交车辆延误最小化，通常根据公交车辆的时刻表延误判断是否需要为公交车辆提供实时信号优先。

4.2　公共交通交叉口协调控制策略

4.2.1　协调控制策略目的及原则

对于采取半独立路权，即在特定路段上，通过标线或者实体隔离设施将一条或几条车道供有轨电车车辆专用，主要设置方式是路段专用道。通过制定明确的道路交通路权分配的法规和条例，完善有轨电车专用道管理制度，做到路权保障有法可依，以避免社会车辆对其干扰，保障有轨电车的畅通运行。

采用这种敷设方式，较多的不同级别的平交道口和不同的有轨电车运营组织方式易造成各种交通方式的相互影响，造成交通拥堵。在平交道口，本系统制定交叉口信号协调控制策略，在不能因信号优先导致交通拥堵的前提下，调整原有信号配时方案，实现有轨电车的协调控制。

由于有轨电车系统的特殊性，其走廊的交叉口亦有显著特征，主要包括：

①有轨电车的引入使交叉口交通流向的冲突点大量增加；

②与其他车辆相比，有轨电车车辆体型庞大，通过交叉口的时间比其他车辆要长；

③与普通公交相比，有轨电车线路较少，车流量和流率也较小；

④与普通公交与快速公交相比，有轨电车车辆定员数目更高。

在考虑协调控制策略时，应当考虑有轨电车以上特点，从而全面系统地制定协调控制策略，以保证在交叉口整体的服务质量。

交叉口信号协调控制设计的目的：

①提高车辆和行人的通行安全性；

②最小化交叉口整体的人均延误，提高整个交叉口的服务水平；

③减少有轨电车车辆延误，将有轨电车运行中产生的时间上的偏差降到最低。

协调优先策略制定的原则主要满足以下几点要素。

（1）围绕设计目标：有轨电车交叉口协调控制设计的目标是在确保交叉口安全性和整体通行效率优化的前提下实行有轨电车优先，同时对社会车辆通行不造成过分的影响。具体来讲，就是提高交叉口车辆和行人的安全性、减少有轨电车延误、提高交叉口整体服务水平。

（2）可行性：有轨电车交叉口协调优先策略的制定需考虑交叉口的交通量、交通条件、周边环境条件和设备条件等客观约束条件，具备实施的可行性。

（3）实用性：有轨电车交叉口协调优先策略应能有效地提高交叉口的安全性和通行效率，同时具有针对性和经济性。针对具体的交叉口特性采取相应的优先方法，而采用的优先方法应为经济性较好的方法。有轨电车的优先方法只有满足有效性、针对性和经济性，才是实用的方法。

4.2.2 协调策略分析

实时优先控制通过 GPS 和车辆检测器等先进的信息检测装置，估计路网车辆的运行现状，考虑路网上所有的机动车，同时获取公共交通车辆的运行状况（位置、乘客数、时刻表等），基于实时的交通信息，在一定的性能指标函数指导下优化、调整交叉口或干线的信号配时，有条件地为公共交通车辆提供优先信号。

该种优先方式通过优化某些性能标准、主要延迟来实施公共交通优先控制。延迟措施可能包括乘客延误、车辆延误、加权车辆延误或者一些延误的组合。实时优先策略利用实时观测到的车辆（乘客与车辆）到达作为交通模型的输入，评估几种可供选择的配时方案并从中选择一种最有利的方案，就相位持续时间及相位顺序优化交叉口实际的配时。

为实现上述目标，本书采取三种信号灯控制措施：绿灯早起、绿灯延长、绿灯相位插入。绿灯早起是指当有轨电车到达信号灯交叉口时，其方向为红灯信号，这时绿灯信号因为其到来而提早开启，即红灯信号提早结束；绿灯延长是指当有轨电车到达信号灯交叉口时，其方向为绿灯信号，但已快结束，则此时绿灯信号会适当延长，以保证其通过交叉口；绿灯相位插入是指当有轨电车到达交叉口时，其方向为红灯信号，此时插入一个绿灯相位以便有轨电车优先通过。

综上，对于有轨电车系统，本书采用实时优先策略，即在交叉口设置车辆检测器，配合有轨电车专用车道，通过 GPS、车辆检测器检测有轨电车的实时运行状况，通过交叉口协调优先调度算法，有条件地给予实时到达的有轨电车优先通过的权力，同时为给予有轨电车优先的交叉口设置优先通过的信号相位调整策略。

4.3　有轨电车和社会车辆信号优先权度量

4.3.1　优先策略整体目标

本书在制定有轨电车在交叉口的优先策略时，主要考虑以下三个因素。

1）减少人均延误

在以减少各方向车流的整体延误为控制目标的基础上，实现有轨电车优先，用于有条件的有轨电车优先控制。有条件的有轨电车优先控制理念是在信号配时优化过程中，设置有轨电车优先权重，在有轨电车提出优先申请时，综合分析考虑交叉口的交通状况，决定是否给予有轨电车优先权利，或通过信号配时优化调整信号灯相序及相位时间等手段，赋予有轨电车优先权。

考虑到有轨电车的编组形式与额定载客量，以有轨电车的满载率作为控制人均延误的主要方式，这一点将在后文详细叙述。

2）减少有轨电车延误

开启有轨电车在交叉口的信号优先，其目的是减少有轨电车在信号交叉口的延误，以确保电车按计划时刻表运行。其在交叉口的控制过程：当有轨电车到达交叉口时，如果交叉口的信号相位已经是绿灯且绿灯即将结束时，为确保有轨电车在绿灯末期顺利通过交叉口，绿灯可以适当延长而超过它的正常结束时间；当有轨电车到达交叉口时，如果信号相位是红灯，为减少有轨电车停车等待时间，绿灯可比正常时间提前启亮。

3）保证有轨电车前后车行车安全间隔

为保证电车行车安全，防止行车间隔过密、串车等现象的发生，优先策略的制定需要考虑同向前后电车在整条线路上的行车间隔。当有轨电车在交叉口等待导致与后一班有轨电车在交叉口或者交叉口下一站的到达时刻相差过近时，需要赋予前一班有轨电车优先通过权力。即电车在交叉口的优先策略是调整前后车辆行车间隔的有效手段。

4.3.2　有轨电车交叉口优先权度量因子

1. 有轨电车满载率

有轨电车满载率是判断有轨电车是否优先通过交叉口的先决条件。

在我国，由于公交车上的座位数在大多数情况下总是远少于乘客数量，即乘载率通常大于 1，甚至相当多的情况下大于 2.5，所以，讨论乘载率问题缺少实际意义，一般只用满载率指标进行描述。就目前的研究现状来说，满载率的取值通常分为两种：一是在实际操作中，凭经验划定一个数值。如南京市市政公用局制定的南京市城市公交行业管理规范中规定：营运车辆满载率，高峰时段线路平均满载率控制在 85% 以下，平峰时段线路平均满载率控制在 60% 以下，全日线路平均满载率控制在 80% 以下。这种经验性的规定，各个城市都不同，没有形成统一的规范值。二是在理论研究中，预先给定一系列满载率值，将其代入目标函数中，通过得出的结果确定适当的满载率。

车辆的满载率是指车辆在运行时车内乘客数占额定载客数的百分比，具体数值是由交通调查得出的。在满载率一定的情况下应考虑满载率的情况进行车辆的配置，在满足乘客需求的情况下考虑满载率大小，避免出现超载、空载和二次等车的现象。无论是在公共交通通行能力的计算方面，还是在公共交通服务质量的评价方面，尤其是在公共交通调度问题中，公交车的满载率都是最基本的参数之一。在公共交通调度问题中，存在三种对于满载率的定义，分别是总体满载率、车辆满载率、线路满载率。三种满载率中，车辆满载率最为基础。在公交调度的实际应用中经常使用车辆满载率[39]。

本书设计思路是根据运营的收益及对乘客的服务质量，经验设定一个满载率的阈值，作为交叉口信号协调优先控制模型的约束之一，后期再通过仿真具体调整至合适的阈值。

2. 前后车行车时间间隔

为保证有轨电车行车安全，避免行车无序、串车等现象的发生，设定前后电车时间间隔，即当前电车通过路口后，到达前方车站时刻与后车按运行图运行时计划到达该站时刻之差。前后车时间间隔应包括驾驶员反应时间、制动系统动作时间、制动持续时间。前后车时间间隔必须保证后车在紧急制动情况下不至于撞到静止的前车。具体表现为在任意一个站点、交叉口，相邻的两班电车的到达时间大于最小安全时间间隔。

$$\left.\begin{array}{l} | T_{\text{Intersection}(i,j)}(k)' - T_{\text{Intersection}(i,j)}(k+n)' | \geqslant \Delta t_{\min} \\ | T_{\text{Station}(i)}(k)' - T_{\text{station}(i)}(k+i)' | \geqslant \Delta t_{\min} \\ \forall i,j,k \end{array}\right\} \tag{4-1}$$

式中，$T_{\text{Intersection}(i,j)}(k)'$——上行第 k 班电车到达交叉口 Intersection(i，j)的实际绝对时间；

$T_{\text{Intersection}(i,j)}(k+n)'$——上行第 $k+n$ 班电车到达交叉口 Intersection(i，j)的实

际绝对时间；

$T_{Station(i)}(k)'$——上行第 k 班电车到达车站 i 的实际绝对时间；

$T_{Station(i)}(k+i)'$——上行第 $k+i$ 班电车到达车站 i 的实际绝对时间；

Δt_{min}——相邻两班电车在路段上的最小时间间隔。

3. 有轨电车运行延误

在空间上，有轨电车在运行过程当中出现的时间偏差的累积效应直接体现在各个路段的站点和交叉口上。

在路段上，速度的调整和司机的驾驶而造成的到站时间上存在延误，表示为 delay _ line；

在车站，客流量的变化造成停站时间与预计时间上有所延误，表示为 delay _ stop；

在交叉口，会产生信号延误，信号延误是指因交叉口信号控制而产生的减、加速延误及停车延误，表示为 delay _ intersection。

总的时间延误为

$$delay = delay\_line + delay\_stop + delay\_intersection \qquad (4\text{-}2)$$

下面对这三个方面的延误时间进行详细的分析。

(1)路段运行时间延误。根据有轨电车计划时刻表和设计运行速度，车辆的路段计划运行时间是确定的。在有轨电车的实际运行中，主要采用车载辅助速度诱导的人工驾驶模式，由于司机的经验和实时的路况等因素，实际运行时间与计划运行时间存在一定的偏差，该参数可通过辅助运行诱导系统实时监控并测算。

(2)车辆停站时间延误。车辆的停站时间主要是指在车站处车辆停靠时间以及启动时间。不同车站的计划停站时间，可根据第 3 章所描述的客流乘降量预测结果计算得出。停站过程中产生的延误包括减速进站、开关门、乘客上下车、加速离站四个过程的延误。而车辆的停靠时间的长短主要由车站处的乘客上下车时间、车站处相应的设施条件、车站的形式以及辅助运行诱导系统为调整车辆运行偏差测算的车辆在车站的等候时间决定的，车辆的停靠时间长短影响车辆的行程速度和相应的配车数量，因此也影响着发车间隔的时间长短。

(3)交叉口处的车辆停车时间延误。交叉口处有轨电车的车辆停车时间主要是由交通信号的协调控制以及交叉口处车辆的运行状况决定的，根据车辆在信号控制交叉口的实际行驶状态，可以分为两个部分：一是减速和加速过程造成的减加速延误；二是由车辆停驻等待而产生的停车延误。相较而言，车辆的平均加减速延误一般非常小，所以，可以使用停车延误值进行计算。根据对交叉口监测的实时情况，在有轨电车到达交叉口前一个车站时就计算出停车延误，并与预留的交叉口停车时间相减，即可在交叉口的前一个车站就求出有轨电车在交叉口的停车时间延误，从而为协调控制提供数据支持。

综合以上优先权度量因子，将车辆满载率、前后车时间间隔和有轨电车运行延误按照先后顺序，作为判断有轨电车是否享有优先通过交叉口权利的权重因子。

4.4 交叉口信号协调控制模式下配时方案

为方便读者理解及下文叙述方便，本书引入示性函数概念，用以表述协调优先控制策略。

运用概率论中事件的刻画方式，可建立如下的示性函数模型。首先简要介绍事件、示性函数等基本概念。

对于事件 A，它的示性函数可表示为

$$\varphi_{\langle A \rangle} = \begin{cases} 1 & \text{事件 } A \text{ 发生} \\ 0 & \text{事件 } A \text{ 不发生} \end{cases} \tag{4-3}$$

对定义的任意事件 A，B，C，有如下关系。

$A \cup B$：事件 A 与事件 B 至少有一个发生；

$A \cap B$：事件 A 与事件 B 同时发生；

$A \cup B \cup C$：事件 A，B，C 中至少有一个发生；

$B \mid A$：事件 A 发生的条件下，事件 B 发生。

4.4.1 交叉口信号协调控制策略

1. 单向有轨电车协调控制策略

依据上文中优先权重因子的度量，将上文中提及的三个交叉口优先权度量因子选为判断的优先条件，如下。

1）基于车辆满载率的启动条件

为保证交叉口的服务质量，当有轨电车满载超过一定阈值时，启动信号优先条件，从而保证交叉口大部分人享有优先通过的权利，否则，不予开启信号优先。其示性函数为

$$\varphi_{\langle A \rangle \text{Intersection}(i,j)}(k^+) = \begin{cases} 1, & \text{if } C_{\text{Intersection}(i,j)}(k^+) \geqslant C_{\max} \\ 0, & \text{else} \end{cases} \tag{4-4}$$

式中，$\varphi_{\langle A \rangle \text{Intersection}(i,j)}(k^+)$——上行第 k 班电车在交叉口 (i, j) 的满载率示性函数；

$C_{\text{Intersection}(i,j)}(k^{+})$——上行第 k 班电车在交叉口 $(i，j)$ 的车辆满载率；

$C_{\max}$——电车容许的最高满载率。

当到达交叉口的电车的满载率超过最高满载率时，示性函数值为 1，否则为 0。

其中满载率的求法如下：

$$C_{\text{Intersection}(i,j)}(k^{+}) = \frac{c_{\text{Intersection}(i,j)}(k^{+})}{c'} \tag{4-5}$$

式中，$c_{\text{Intersection}(i,j)}(k^{+})$——上行第 k 班电车在交叉口 $(i，j)$ 的车内实际乘客数；

c'——电车的额定载客人数。

同理，下行电车满载率示性函数为

$$\varphi_{\{A\}\text{Station}(i)}(l^{-}) = \begin{cases} 1, & \text{if } C_{\text{Intersection}(i,j)}(l^{-}) \geqslant C_{\max} \\ 0, & \text{else} \end{cases} \tag{4-6}$$

2）基于车辆延误补偿的信号启动条件

如果车辆到达交叉口时存在延误，启动信号优先取决于车辆在到达下一个交叉口前的运行状况。当有轨电车以低于最高限速的速度行驶，其延误可以在第 k 个站点得到补偿时，不予启动信号优先条件；否则，由于延误在到达下一个交叉口时无法得到补偿，必然会造成延误的积累，从而导致延误的不可控，此时开启信号优先。其示性函数为

$$\varphi_{\{B\}\text{Intersection}(i,j)}(k^{+}) = \begin{cases} 1, & \text{if } T_{\text{Intersection}(i,j)}(k^{+})' + \Delta t_{\text{Intersection}(i,j)}(k^{+}) + t_{r,\text{Intersection}(i,j)} \\ & (k^{+}) + \sum_{i}^{i+n} t_{\max,\text{Intersection}(i,j)}(k^{+}) \geqslant T_{\text{Station}(i+n)}(k^{+}) \\ 0, & \text{else} \end{cases} \tag{4-7}$$

式中，$\varphi_{\{B\}\text{Intersection}(i,j)}(k^{+})$——上行第 k 班电车到达交叉口 $(i，j)$ 的运行时间偏差示性函数；

$\Delta t_{\text{Intersection}(i,j)}(k^{+})'$——上行第 k 班电车到达交叉口 $(i，j)$ 的偏差时间；

$t_{r,\text{Intersection}(i,j)}(k^{+})$——上行第 k 班电车到达交叉口 $(i，j)$ 的红灯等待时间；

$\sum_{i}^{i+n} t_{\max,\text{Intersection}(i,j)}(k^{+})$——上行第 k 班电车从交叉口 $(i，j)$ 以 $v_{\max}$ 运行到达下一个交叉口的前一站 $(i+n$ 站$)$ 的时间；

$T_{\text{Station}(i+n)}(k^{+})$——上行第 k 班电车运行到 $i+n$ 站的计划绝对时间。

即当上行第 k 班电车到达交叉口 $(i，j)$ 时与计划运行的偏差时间无法在后 n 个车站（车站间无交叉口）通过加速到 $v_{\max}$ 补偿时，示性函数值为 1；否则为 0。

上行第 k 班电车从交叉口 (i, j) 以 v_{max} 运行到达下一个交叉口的前一站 $(i+n$ 站) 的时间计算公式为

$$\sum_{i}^{i+n} t_{max, Intersection(i,j)}(k^+) = \frac{L(Intersection(i,j), Station(i+n))}{V_{max}} + \sum_{i+n}^{i+1} Stop_{Station(i)}$$

(4-8)

式中，$L(Intersection(i, j), Station(i+n))$——交叉口 (i, j) 与下 n 站 $(i+n$ 站) 的路段长度；

$\sum_{i+n}^{i+1} Stop_{Station(i)}$ ——电车在该路段车站停站时间总和。

同理，下行电车运行时间偏差示性函数为

$$\varphi_{\{B\}Intersection(i,j)}(l^-) = \begin{cases} 1, & \text{if } T_{Intersection(i,j)}(l^-)' + \Delta t_{Intersection(i,j)}(l^-) + t_{r, Intersection(i,j)} \\ & (l^-) + \sum_{Intersection(i,j)}^{i+n} t_{max, Intersection(i,j)}(l^-) \geqslant T_{Station(i+n)}(l^-) \\ 0, & \text{else} \end{cases}$$

(4-9)

3）基于前后车辆时间间隔的优先信号启动条件

如果前车的延误导致两车的行车间隔时间小于安全间隔时间，必须对前车开启信号优先，否则会增加后车的延误甚至影响行车安全。其示性函数为

$$\varphi_{\{C\}Intersection(i,j)}(k^+) = \begin{cases} 1, & \text{if } | T_{Intersection(i,j)}(k^+)' + \Delta t_{Intersection(i,j)}(k^+) + t_{r, Intersection(i,j)}(k^+) \\ & + \sum_{Intersection(i,j)}^{Station(i+1)} t_{max, Intersection(i,j)}(k^+) - T_{Station(i+1)}(k+1^+)' | \geqslant \Delta t_{min} \\ 0, & \text{else} \end{cases}$$

(4-10)

式中，$\varphi_{\{C\}Intersection(i,j)}(k^+)$——上行第 k 班电车在交叉口 (i, j) 的安全间隔示性函数；

$\sum_{Intersection(i,j)}^{Station(i+1)} t_{max, Intersection(i,j)}(k^+)$ ——上行第 k 班电车从交叉口 (i, j) 以 v_{max} 运行到达下一站 $(i+1$ 站) 的时间；

$T_{Station(i+1)}(k+1^+)'$——上行第 $k+1$ 班电车到达 $i+1$ 站的实际绝对时间。

即上行第 k 班到达前方第 $i+1$ 站时刻与第 $k+1$ 班按运行图运行时计划到达该站时刻之差小于最小间隔，示性函数为 1；否则为 0。

从交叉口 (i, j) 以 v_{max} 运行到达下一站 $(i+1$ 站) 的时间的计算公式为

$$\sum_{Intersection(i,j)}^{station(i+1)} t_{max, Intersection(i,j)}(k^+) = \frac{L(Intersection(i,j), Station(i+1))}{v_{max}}$$

(4-11)

式中，$L(\text{Intersection}(i, j)，\text{Station}(i + 1))$——交叉口$(i，j)$与下一站$(i + 1$站)的路段长度。

同理，下行前后车安全间隔示性函数为

$$\varphi_{\{C\}\text{Intersection}(i,j)}(l^-) = \begin{cases} 1, & \text{if } \mid T_{\text{Intersection}(i,j)}(l^-)' + \Delta t_{\text{Intersection}(i,j)}(l^-) + t_{r,\text{Intersection}(i,j)}(l^-) \\ & + \displaystyle\sum_{\text{Intersection}(i,j)}^{\text{Station}(i+1)} t_{\max,\text{Intersection}(i,j)}(l^-) - T_{\text{Station}(i+1)}(l + 1^-)' \mid \geqslant \Delta t_{\min} \\ 0, & \text{else} \end{cases}$$

$$(4\text{-}12)$$

上行第 k 班电车运行到交叉口$(i，j)$时，其优先启动条件为

$$\varphi_{\text{Intersection}(i,j)}(k^+) = \begin{cases} 1, & \text{if } \varphi_{\{A\}\text{Intersection}(i,j)}(k^+) \cup \varphi_{\{B\}\text{Intersection}(i,j)}(k^+) \\ & \cup \varphi_{\{C\}\text{Intersection}(i,j)}(k^+) = 1 \\ 0, & \text{else} \end{cases}$$

$$(4\text{-}13)$$

式中，$\varphi_{\text{Intersection}(i,j)}(k^+)$——上行第 k 班电车在交叉口$(i，j)$的信号优先启动条件示性函数。

该模型的具体现实含义：对于单行方向的有轨电车，在到达交叉口时，通过设备的监测，判定在以下三种情况中，满足任意一种情况即开启信号优先：

①有轨电车满足满载率条件；

②有轨电车在到达交叉口时存在延误，且通过交叉口后的 n 站内(无交叉口)偏差得不到补偿；

③同一车道相邻两车的行车间隔时间小于最小安全间隔时间。

除这三种情况之外，均不改变交叉口原信号方案。

单行控制策略的数学模型是上下行控制策略模型的基础。

同理，下行第 l 班电车运行到交叉口$(i，j)$时，其优先启动条件为

$$\varphi_{\text{Intersection}(i,j)}(l^-) = \begin{cases} 1, & \text{if } \varphi_{\{A\}\text{Intersection}(i,j)}(l^-) \cup \varphi_{\{B\}\text{Intersection}(i,j)}(l^-) \\ & \cup \varphi_{\{C\}\text{Intersection}(i,j)}(l^-) = 1 \\ 0, & \text{else} \end{cases}$$

$$(4\text{-}14)$$

交叉口协调控制的策略流程图如图 4-1 所示。

图 4-1 所示为单向行驶有轨电车到达交叉口的协调控制流程，可描述如下：

步骤 1：有轨电车驶达交叉口停车线附近，信息控制中心提供必要的数据信息。

步骤 2：判断是否满足优先条件，若满足，则开启优先模式，若不满足，则执行原来的信号控制方案。

步骤3：对于满足优先条件的情形，确定采用何种电车优先策略(绿灯延迟、相位插入、红灯早断)，交叉口信号机根据命令执行信号优先方案。

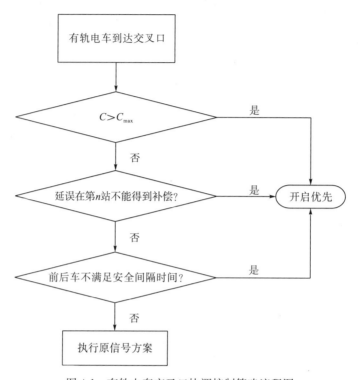

图 4-1 有轨电车交叉口协调控制策略流程图

2. 双向有轨电车控制策略

上下行有轨电车双向交汇的控制原则如下：

(1)在预定时间间隔内到达，且上下行电车只要一方满足优先通过条件，则一起开启信号优先，一起通过。

(2)不能在预定时间间隔内到达，则为了不影响整个交叉口的服务质量，只开启信号优先一次，对于上下行均满足优先条件的电车，先到的电车开启优先。

有轨电车在交叉口可能的到达方式有三种：上行方向电车先到，下行方向电车后到；下行方向电车先到，上行方向电车后到；双向的电车同时到达。

对于有轨电车一前一后到达的方式，本质上是等价的，故只需研究一种情形即可。不妨以上行方向电车先到，下行方向电车后到为例进行研究。分步建立交叉口单向情形下电车到达信号控制策略和双向情形下电车到达信号控制的数学模型。

对双向交汇的车辆优先策略而言，主要分两种情况：利用优先相位和绿灯延长。

1）一方已开启优先，对向车辆利用优先相位通过策略

在一方电车开启优先的条件下，对向车辆不满足优先信号启动条件且不能在优先开启绿灯时间内通过加速到达交叉口，此时不予对向电车利用优先相位策略；对向电车满足优先信号启动条件且可以在一方已开启优先时间内加速到达交叉口，此时可以实施利用优先相位通过策略，示性函数为

$$\varphi_{\text{Intersection}(i,j)}(l^-)_{\text{rush}} = \begin{cases} 1, & \text{if } \varphi_{\text{Intersection}(i,j)}(l^-)=1 \cap \varphi_{\text{Intersection}(i,j)}(k^+)=1 \cap T_{\text{Station}(i+n)} \\ & (l^-)' + \sum\limits_{\text{Station}(i+n)}^{\text{Intersection}(i,j)} t_{\max,\text{Station}(i+n)}(l^-) \in (\text{time\_start}_{\text{Intersection}(i,j),g} \\ & (k^+), \text{time\_end}_{\text{Intersection}(i,j),g}(k^+)) \\ 0, & \text{else} \end{cases}$$

(4-15)

式中，$\varphi_{\text{Intersection}(i,j)}(l^-)_{\text{rush}}$——下行第 l 班电车利用优先相位策略示性函数；

$\text{time\_start}_{\text{Intersection}(i,j),g}(k^+)$——上行第 k 班电车在交叉口 (i,j) 的绿灯开始时刻；

$\text{time\_end}_{\text{Intersection}(i,j),g}(k^+)$——上行第 k 班电车在交叉口 (i,j) 的绿灯结束时刻；

$\sum\limits_{\text{Station}(i+n)}^{\text{Intersection}(i,j)} t_{\max,\text{Station}(i+n)}(l^-) = \dfrac{L(\text{Station}(i+n),\text{Intersection}(i,j))}{v_{\max}} + \sum\limits_{i+n}^{i+1} \text{Stop}_{\text{Station}(i)}$，即对向电车利用优先相位加速的时间为在路段上运行的最高运行速度所需时间以及在车站的停车时间之和。

下行车利用优先相位的车辆为距离交叉口最近的下行车辆，即

$$l^- = \min\{l: L(\text{Intersection}(i,j), \text{point}(l^-)' \mid T = T_{\text{Intersection}(i,j),\text{detect}}(k^{+\prime})\}$$

(4-16)

式中，$L(\text{Intersection}(i,j), \text{point}(l^-)')$——下行车所在点与交叉口的路段距离。

下行车开始加速的绝对时间即为位于交叉口前的检测器检测到上行车到达检测器的绝对时间。开始加速的车站即为交叉口前检测器检测上行车是否满足优先条件的时间点，下行车所在的路段上距离交叉口最近的下一个站点。

$$\text{Station}v_{\max}, \text{Intersection}(i,j)(l^-) = \max\{n: L(\text{Intersection}(i,j), \text{point}(l^-)' \mid T = T_{\text{Intersection}(i,j),\text{detect}}(k^{+\prime})\}$$

(4-17)

式中，$T_{\text{Intersection}(i,j),\text{detect}}(k^+)'$——在交叉口 (i,j) 前检测器检测到上行第 k 班电车到达检测器的时刻。

利用优先相位策略流程图如图 4-2 所示。

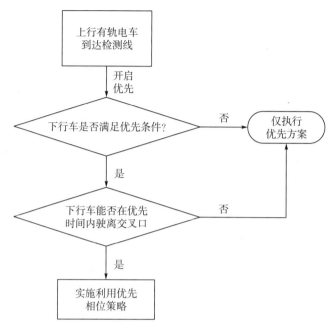

图 4-2　后到电车利用优先相位协调优先策略流程图

2) 一方已开启优先，对向车辆绿灯延长策略

在上行电车开启优先的条件下，为合理利用交叉口，如果后到达交叉口的下行电车满足优先条件且无法利用优先相位通过，设定前后车到达交叉口的时间间隔阈值，当前后到达交叉口的时间间隔低于此值时，延长绿灯时间，保证两车一起通过交叉口，其流程如图 4-3 所示。

示性函数可表示为

$$\varphi_{\text{Intersection}(i,j)}(l^-)_{\text{extend}} = \begin{cases} 1, & \text{if } \varphi_{\text{Intersection}(i,j)}(l^-) = 1 \cap \varphi_{\text{Intersection}(i,j)}(k^+) = 1 \cap \\ & |T_{\text{Intersection}(i,j)}(l^-)' - T_{\text{Intersection}(i,j)}(k^+)'| \leqslant \Delta tf_{\text{extend}} \\ 0, & \text{else} \end{cases}$$

$$(4\text{-}18)$$

交叉口延长的绿灯时间为

$$\text{time}_{\text{Intersection}(i,j),\text{extend}}(k^+, l^-) = \Delta tf_{\text{extend}} + \text{time}_{\text{Intersection}(i,j)}(l^-) \qquad (4\text{-}19)$$

式中，$\text{time}_{\text{Intersection}(i,j),\text{extend}}(k^+, l^-)$——上行第 k 班车与下行第 l 班车在交叉口 (i, j) 交汇时的绿灯延长时间；

$\Delta tf_{\text{extend}}$——前后电车驶离交叉口的时间间隔阈值；

$\text{time}_{\text{Intersection}(i,j)}(l^-)$——下行第 l 班车通过交叉口 (i, j) 的时间，具体由电车的编

组、交叉口的大小决定。

　　由上述公式可以看出，为了不对交叉口整个服务质量造成影响，当前后到达交叉口的电车都满足优先条件时，只对先到的电车开启信号优先；如果只有其中一个方向的电车满足优先条件，只对满足条件的开启优先；如果配对到达交叉口的电车均不满足优先条件，则不改变原信号方案。

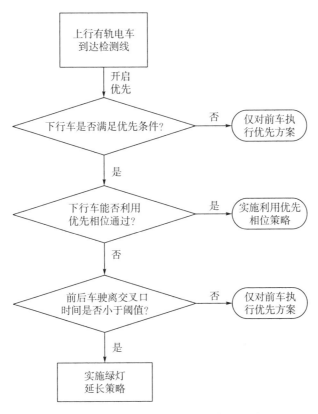

图 4-3　绿灯延长协调优先策略流程图

4.4.2　基于协调控制策略的情景分析

1. 一辆有轨电车到达交叉口的情景分析

　　一辆有轨电车到达交叉口的情景比较简单，主要分为红灯时间到达及绿灯时间到达。

　　1）绿灯时间到达

　　有轨电车在绿灯时间到达，且剩余绿灯时间足以保证有轨电车安全通过交叉口，不管是否符合优先条件，为不至于产生延误，均应直接通过，如图 4-4 所示。

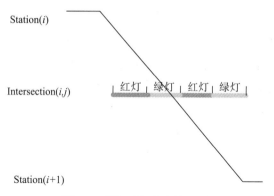

图 4-4　绿灯时间内直接通过

其示性函数为

$$\varphi_{\text{green\_phase\_Intersection}(i,j)}(k) = \left\{ \begin{array}{l} 1, \quad \text{if } T_{\text{Intersection}(i,j)}(k)' \in \left[\text{time\_start}_{\text{Intersection}(i,j),g}, \right. \\ \qquad \left. \text{time\_end}_{\text{Intersection}(i,j),g}\right] \\ 0, \quad \text{else} \end{array} \right\}$$

(4-20)

2)红灯时间到达

有轨电车在红灯时间到达交叉口，若不满足优先条件，电车等待；若满足优先条件，要分成以下三种情况进行考虑。

$$\varphi_{\text{red\_phase\_Intersection}(i,j)}(k) = \left\{ \begin{array}{l} \varphi_{\text{green\_extension}}(k), \text{if} \quad T_{\text{Intersection}(i,j)}(k)' \\ \quad \in \left[\begin{array}{l}\text{time\_start}_{\text{Intersection}(i,j),r}, \\ \text{time\_start}_{\text{Intersection}(i,j),r} + \alpha\Delta t\_\text{extend}_{\text{Intersection}(i,j),r}\end{array}\right] \\ \varphi_{\text{phase\_insertion}}(k), \text{if} \quad T_{\text{Intersection}(i,j)}(k)' \\ \quad \in \left[\begin{array}{l}\text{time\_start}_{\text{Intersection}(i,j),r} + \alpha\Delta t\_\text{extend}_{\text{Intersection}(i,j),r}, \\ \text{time\_start}_{\text{Intersection}(i,j),r} + (\alpha+\beta)\Delta t\_\text{extend}_{\text{Intersection}(i,j),r}\end{array}\right] \\ \varphi_{\text{red\_reduction}}(k), \text{if} \quad T_{\text{Intersection}(i,j)}(k)' \\ \quad \in \left[\begin{array}{l}\text{time\_start}_{\text{Intersection}(i,j),r} + (\alpha+\beta)\Delta t\_\text{extend}_{\text{Intersection}(i,j),r}, \\ \text{time\_end}_{\text{Intersection}(i,j),r}\end{array}\right] \\ 0, \quad \text{if } \varphi_{\text{Intersection}(i,j)}(k) = 0 \bigcap T_{\text{Intersection}(i,j)}(k)' \\ \quad \in \left[\text{time\_start}_{\text{Intersection}(i,j),r}, \text{time\_end}_{\text{Intersection}(i,j),r}\right] \end{array} \right\}$$

(4-21)

式中，$\alpha + \beta < 1$；

$\varphi_{\text{red\_phase\_Intersection}(i,j)}(k)$——到达交叉口$(i，j)$为红灯时采用的信号优先方式；

$\Delta t\_\text{extend}_{\text{Intersection}(i,j),r}$——交叉口$(i，j)$在有轨电车行驶方向的红灯持续时间；

Intersection(i，j)——第 i 条运行线路上的第 j 个交叉口。

下面进行详细叙述。

情景一：红灯等待

如果不满足优先通过条件，有轨电车应等待绿灯相位，如图 4-5 所示。

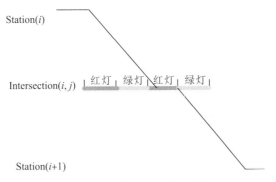

图 4-5　车辆在交叉口红灯等待

如果满足优先通过条件，则应对有轨电车实施优先策略，包括绿灯延长、红灯早断、相位插入。

情景二：绿灯延长

有轨电车在红灯初到达，实施绿灯延长策略，如图 4-6 所示。

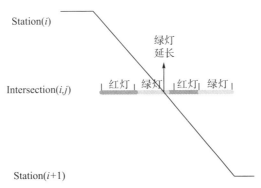

图 4-6　绿灯相位延长控制策略原理图

其示性函数为

$$\varphi_{\text{green\_extension}}(k) = \left\{ \begin{array}{l} 1, \quad \text{if } \varphi_{\text{Intersection}(i,j)}(k) = 1 \cap T_{\text{Intersection}(i,j)}(k)' \\ \quad \in \left[\begin{array}{l} \text{time\_start}_{\text{Intersection}(i,j),r}, \\ \text{time\_start}_{\text{Intersection}(i,j),r} + \alpha\Delta t\_\text{extend}_{\text{Intersection}(i,j),r} \end{array} \right] \\ 0, \quad \text{else} \end{array} \right\}$$

(4-22)

式中，$\varphi_{\text{green\_extension}}(k)$——采用绿灯延长信号优先方式示性函数。

情景三：红灯早断

有轨电车在红灯末到达，实施红灯早断优先策略，如图 4-7 所示。

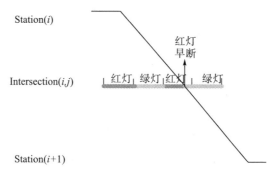

图 4-7   实施红灯早断策略图

其示性函数为

$$
\varphi_{\text{red\_reduction}}(k) = \begin{cases} 1, & \text{if } \varphi_{\text{Intersection}(i,j)}(k) = 1 \cap T_{\text{Intersection}(i,j)}(k)' \\ \in \begin{bmatrix} \text{time\_start}_{\text{Intersection}(i,j),r} + (\alpha+\beta)\Delta t\_\text{extend}_{\text{Intersection}(i,j),r}, \\ \text{time\_end}_{\text{Intersection}(i,j),r} \end{bmatrix} \\ 0, & \text{else} \end{cases}
$$

$$(4\text{-}23)$$

式中，$\varphi_{\text{red\_reduction}}(k)$——采用红灯早断信号优先方式示性函数。

情景四：插入相位

有轨电车在红灯时间内到达，此时应实施相位插入策略，如图 4-8 所示。

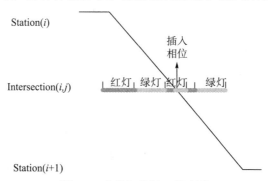

图 4-8   实施相位插入策略图

其示性函数为

$$
\varphi_{\text{phase\_insertion}}(k) = \begin{cases} 1, & \text{if } \varphi_{\text{Intersection}(i,j)}(k) = 1 \cap T_{\text{Intersection}(i,j)}(k)' \\ \in \begin{bmatrix} \text{time\_start}_{\text{Intersection}(i,j),r} + \alpha\Delta t\_\text{extend}_{\text{Intersection}(i,j),r}, \\ \text{time\_start}_{\text{Intersection}(i,j),r} + (\alpha+\beta)\Delta t\_\text{extend}_{\text{Intersection}(i,j),r} \end{bmatrix} \\ 0, & \text{else} \end{cases}
$$

$$(4\text{-}24)$$

式中，$\varphi_{\text{phase\_insertion}}(k)$——采用插入相位信号优先方式示性函数。

2. 对于双向交汇的车辆情景分析

基于上文所述，本书双向交汇只考虑上行车先到、下行车后到的情景。

如果上行车（先到）不满足优先通过条件，下行车（后到）满足优先通过条件，此时，是否实施优先通过策略取决于下行车到达交叉口时的灯色情况，其实质是单辆有轨电车到达交叉口的情况，在此不再赘述。

在上行车开启优先条件下，下行车的优先策略主要分两种：利用优先相位和绿灯延长，下面进行详细叙述。

1）后到电车利用优先相位通过

利用优先相位是指后车为安全通过交叉口，必须在已开启的优先时间内通过而不必延长绿灯时间，这就要求后车通过提高运行速度和前车同时到达交叉口。

$$\varphi_{\text{Intersection}(i,j)}(l^-)_{\text{rush}} = \begin{cases} 1, & \text{if } \varphi_{\text{Intersection}(i,j)}(l^-)=1 \cap \varphi_{\text{Intersection}(i,j)}(k^+)=1 \cap T_{\text{Station}(i+n)}(l^-)' \\ & + \sum\limits_{\text{Station}(i+n)}^{\text{Intersection}(i,j)} t_{\max,\text{Station}(i+n)}(l^-) \in (T_{\text{start,Intersection}(i,j)}(k^+), T_{\text{end,Intersection}(i,j)}(k^+)) \\ 0, & \text{else} \end{cases}$$

$$(4\text{-}25)$$

利用优先相位的具体策略实施有以下几类情况。

（1）先到电车优先，后到电车不满足优先条件。

上行车已开启优先、下行车不满足优先通过条件，则不论是否能够在已开启的绿灯时间内加速到达，都不予下行车利用优先相位策略，如图4-9所示。

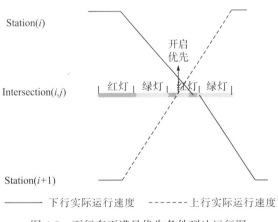

图 4-9　下行车不满足优先条件到达运行图

（2）先到电车优先，后到电车满足优先条件并于优先时间段内到达。

上行车已开启优先、下行车满足优先通过条件且可以在上行车开启优先时间内到达，此时可以对下行车实施利用优先相位通过策略，如图 4-10 所示。

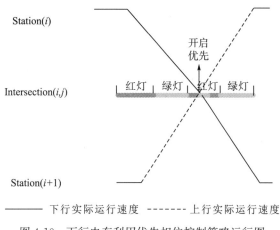

图 4-10　下行电车利用优先相位控制策略运行图

2）后到电车绿灯延长

在上行车已开启优先的情况下，后车以最高运行速度行驶仍不能够和前车同时到达交叉口，但两车驶离交叉口的时间间隔很小，设定前后车驶离交叉口的时间间隔阈值 $\Delta t f_{extend}$，当时间间隔低于此值时，为合理利用交叉口，可以考虑延长优先相位的持续时间以保证后车可以安全通过交叉口。

其具体实施策略如下。

（1）先到电车优先，后到电车满足优先条件但无法在时间间隔阈值内到达。

下行车虽然满足优先通过条件，但到达交叉口的时间太晚，以致前后车驶离交叉口的时间间隔超出阈值 $\Delta t f_{extend}$，在这种情况下，如果继续对后车实施绿灯延长策略，必然会对垂直方向上的社会车辆及行人过街造成很大干扰，因此，不对下行车实施绿灯延长策略，如图 4-11 所示。

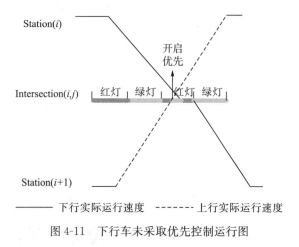

图 4-11　下行车未采取优先控制运行图

（2）先到电车优先，后到电车满足优先条件且在时间间隔阈值内到达。

下行车满足优先通过条件，且上下车驶离交叉口的时间间隔小于阈值 $\Delta t f_{extend}$，为保证下行车安全通过交叉口，应适当延长优先相位持续时间。

由于上行车优先通过策略有三种：绿灯延长、相位插入、红灯早断，相应的延长优先持续时间也分为以下三种情况。

情况一：先到电车绿灯延长，后到电车继续延长绿灯

上行车在绿灯末到达且实施绿灯延长策略，为保证下行车能安全通过交叉口，应在绿灯延长的基础上再次延长绿灯持续时间，如图 4-12 所示。

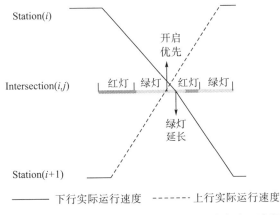

图 4-12　上行车绿灯延长、下行车继续延长绿灯运行图

其示性函数为

$$
\begin{aligned}
&\varphi_{\text{Intersection}(i,j)} \\
&(l^-)_{\text{extend}}
\end{aligned}
=
\begin{cases}
1, & \text{if } \varphi_{\text{Intersection}(i,j)}(l^-) = 1 \bigcap \varphi_{\text{red\_phase\_Intersection}(i,j)} = \varphi_{\text{green\_extension}} = 1 \bigcap \\
& \quad \mid T_{\text{Intersection}(i,j)}(l^-)' - T_{\text{Intersection}(i,j)}(k^+)' \mid \leqslant \Delta t f_{\text{extend}} \\
0, & \text{else}
\end{cases}
$$

$$(4\text{-}26)$$

情况二：先到电车插入绿灯相位，后到电车延长绿灯

上行车在红灯开始不久后到达，此时应对上行车实施相位插入优先策略，为保证下行车能够安全通过交叉口，应适当延长插入相位的持续时间，如图 4-13 所示。

其示性函数为

$$
\begin{aligned}
&\varphi_{\text{Intersection}(i,j)} \\
&(l^-)_{\text{extend}}
\end{aligned}
=
\begin{cases}
1, & \text{if } \varphi_{\text{Intersection}(i,j)}(l^-) = 1 \bigcap \varphi_{\text{red\_phase\_Intersection}(i,j)} = \varphi_{\text{phase\_insertion}} = 1 \bigcap \\
& \quad \mid T_{\text{Intersection}(i,j)}(l^-)' - T_{\text{Intersection}(i,j)}(k^+)' \mid \leqslant \Delta t f_{\text{extend}} \\
0, & \text{else}
\end{cases}
$$

$$(4\text{-}27)$$

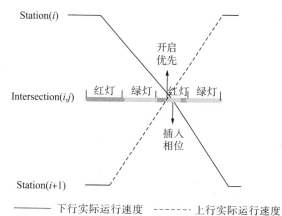

图 4-13 先到电车插入绿灯相位、后到电车延长绿灯运行图

情况三：先到电车红灯早断，后到电车延长绿灯

上行车在红灯末到达交叉口，且已实施红灯早断优先策略，下行车在到达交叉口时必然为绿灯相位，不必对下行车实施绿灯延长，如图 4-14 所示。

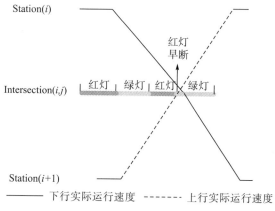

图 4-14 先到电车红灯早断，后到电车延长绿灯运行图

第5章　现代有轨电车运行自适应调整模式研究

有轨电车运行自适应调整是有轨电车智能调度模式的重要一环。在实现了对站点延误和交叉口延误的初步控制后，通过运行自适应调整模型进一步对延误进行补偿。本书结合有轨电车系统的特点，提出运行图指标，考虑运行时间、到达时间、发车间隔等约束条件，实现有轨电车运行状态的精确调整。

5.1　有轨电车运行调整理论研究与发展

1. 国外有轨电车运行调整理论研究与发展

国外学者对城市轨道交通中运行调整的研究起步较早，研究成果主要集中在地铁及轻轨等领域。

Szpigel[40]于1973年提出"最优列车调度问题"。由于列车运行调整多影响因数的复杂过程很难求解，经典数学方法很难在短时间内求解出令人满意的可行解，也满足不了实际调度工作的需要，还需要进一步研究。

Sauder[41]把系统与控制理论引入运行调整问题的求解，用离散事件系统仿真技术(DEDS)进行行车调度问题的研究。但是建立的模型不够直观，完整性、正确性都存在不足。有些学者运用离散事件的动态系统理论创建运行调整系统事件驱动的状态模型，运用分层决策和滚动优化的方法突出了运行调整的算法，对运行调整的研究有着重要意义。但在实际运行的行车调度中有很多的不足，因为在该算法中采用列车等级的决策可能会得出中速列车无限次避让高速列车的结果。

Kuo Guo等[42]提出虚拟站点的概念，用于描述有轨电车在平面交叉口的延误，在此基础上，考虑停站时间、站间行驶时间、行车间隔、行车秩序等约束条件建立综合调度模型，利用改进的遗传算法对该模型进行求解，从而实时获取调整数据，对行车计划予以调整。

Natalia Kliewer[43]认为优化模型如果没有考虑到延误管理实时性的特点，模型求解结果可能与实际情况不吻合，仅能提供参考。他提出了简单规则下的调整方法，如延误发生后，在容许的时间范围内衔接列车等待延误列车；一旦延误发生，衔接列车不等待延误列车；延误发生后，衔接列车始终等待延误列车。针对不同延误情况可采取一种简单的调整方法或几种简单方法相结合，通过仿真实验发现，在线网中初始延误发生频率较高的情况下，采取简单调整方法的效果要好于优化模型计算的结果。

Petersen 等[44]对列车延迟的影响范围与列车离侧线的距离关系构建了数学模型。Carey 和 Kwiecinski[45]分析了在单条线路上同方向列车运行时，某一列车延迟对后续列车延迟的影响扩散，并且利用非线性回归和 Heuristic 方法进行了求解。Özekici 和 Sengör[46]通过马尔科夫链方法建立了连锁延迟和乘客等待时间的模型，他们假设列车离站时间一致，在此基础上分析了合理的列车运行时间间隔。

Petersen 等[47,48,49]还构建了在考虑线路情况下更加真实的数学模型，其中 Cheng 的模型可以在延迟发生时给出不同的调整规则，其缺点是计算复杂度比较高，不适用于实时的调整。Takagi 等[50,51]提出了一个高效的估计延迟的方法，但是并没有准确到可以应用于整条线路的分析。Schöbel[52]将单列车延迟对整体线路晚点造成的影响看成是混合整合线性问题，求得一个全体列车晚点时间最短的解。

另外一些研究则是利用计算机的仿真技术，构建列车运行的仿真模型，进而研究列车的延迟调整问题。Yuan 等[53,54]提出了一个新的随机分析模型用于列车延迟的研究，包括了路径选择冲突引起的列车延迟传播，模型可用于时刻表的设计和列车的调度，并与实际数据对比，得到了有效性验证。Murali 等[55]建立了一个基于线路状况来生成延迟时间的仿真模型，并利用洛杉矶的地铁网络数据验证了模型的准确性。Wallander 和 Makitalo[56]根据已有的列车运行数据，利用最小数据方法来分析列车的延迟传播，分析结果表明它们可作为构建更强鲁棒性时刻表的参考，以解决整个铁路网络的列车晚点问题，并提供了用于时刻表制定的工具。

2. 国内有轨电车运行调整理论研究与发展

由于城市有轨电车运行在不封闭的路网环境中，受外界不确定因素的影响较多，目前城市有轨电车都是人工通过车载电话进行调整，人工调整难以保证列车运行的安全性及高效性。城市有轨电车运行路网中存在平交道口，对其进行调整时需考虑平交道口绿灯相位对电车运行的影响。因此，传统的列车运行调整并不适合城市有轨电车的运行调整。

马作泽[57]以地铁运行控制技术为基础，结合现代有轨电车运行控制系统的特点，研究现代有轨电车地面运行控制系统关键技术，开发系统软件以及车地无线通信仿真单元，实现现代有轨电车地面运行控制系统原理样机研制，完成地面运控系统功能验证以及现代有轨电车运行控制系统的系统联调。

王一喆等[58]提出一种基于车路协同技术的现代路面有轨电车速度引导和信号优先控制系统，根据有轨电车在监测站实际行驶速度、距离停车线的长度以及交叉口信号时长分布，计算出建议行驶速度，使司机按照建议速度行驶即可在交叉口不停车通过，降低人均延误，提高有轨电车行驶效率。

高军[59]提出基于模糊预测的有轨电车 ATP 系统，利用满意优化的方法解决滚动优化中控制目标的优化问题，给出了模糊预测的综合评判模型；建立了带约束的模糊多目标模型，确定了几种常用的满意优化价值函数，将线路纵断面进行模糊化处理，给出了线路纵断面趋势的综合表征矩阵；建立了有轨电车运行控制系统的单步预测模型、多步预测模型以及控制系统的模糊多目标满意优化模型。

兰州交通大学的王瑞峰等[60]将免疫粒子群算法引入到城市有轨电车运行控制中，针对城市有轨电车的特殊性，提出虚站台概念，建立列车运行调整优化模型。以列车总晚点时间、总晚点列车数以及城市有轨电车对城市交通路网秩序影响最小作为综合优化目标，采用 LM-PSO 算法对模型进行求解。

国内外学者在有轨电车运行控制方面的研究已经相当深入与具体，但多借鉴地铁等典型轨道交通的算法与模型，普遍存在算法复杂、针对性有限等不足，本书在充分分析半独立路权形式的有轨电车系统特点的基础上，借鉴传统列车运行控制模型，建立简洁、针对性强的有轨电车自适应控制模型。

5.2　有轨电车运行图

5.2.1　有轨电车线路模型

本书的有轨电车自适应调整模型基于以下的假设：有轨电车系统自成独立非闭合系统，即线路与线路之间没有平面交叉，线路采用双线运营模式，两方向电车分线对向行驶，互不干扰。若规定从 A 地到 B 地的运行方向为上行方向，则对应的从 B 地到 A 地的运行方向为下行方向。

有轨电车运行的基础是线路，因而线路的刻画对研究电车的运行有基础作用。有轨电车的线路上主要有车站、交叉口等要素。现在分别予以描述。

i 表示车站，j 表示交叉口，k 表示电车班次；

Station 表示车站，简写为 S；

Intersection 表示交叉口，简写为 I；

Line 表示路段，简写为 L；

τ 表示时刻，t 表示时段；

τ_{start} 表示出发的时刻，简写为 τ_s；

τ_{arrive} 表示到达的时刻，简写为 τ_a；

$\tau_{\text{even-begin}}$ 表示路段匀速行驶的开始时刻，简写为 τ_{e-b}；

$\tau_{\text{even-end}}$ 表示路段匀速行驶的结束时刻，简写为 τ_{e-e}；

t_d 表示电车在交叉口或车站的等待时间；

φ 表示电车在交叉口等待及配对、车站等待的示性函数。

1. 车站表示方法

假定一条线路共有 m 个车站，令 i 表示其中任意一个车站，则 i 的取值集合为 $M=\{1,\ 2,\ \cdots,\ m\}$，车站包括上行方向车站 Station$^+$ 和下行方向车站 Station$^-$。

$$\text{Station} = \text{Station}^+ \cup \text{Station}^- \tag{5-1}$$

$$\text{Station}^+ = \sum_{i=1}^{m} S_i^+ \tag{5-2}$$

$$\text{Station}^- = \sum_{i=m}^{1} S_i^- \tag{5-3}$$

式中，S_i^+——上行方向第 i 个车站；

S_i^-——下行方向第 i 个车站。

2. 交叉口表示方法

同样假定一条线路上共有 m 个车站，任意两个车站之间交叉口集合的表达方式以车辆运行方向先到的车站编号作为依据。

上行方向线路上任意两个相邻车站 i 和 $i+1$ 之间交叉口集合的表示方法为 I_i^+。

同理，下行方向线路上任意两个相邻车站 $i+1$ 和 i 之间交叉口集合的表示方法为 I_{i+1}^-。

上行、下行方向上，所有车站之间交叉口为

$$I^+ = I_1^+ \cup I_2^+ \cup \cdots \cup I_i^+ \cup \cdots \cup I_{m_1-1}^+ \tag{5-4}$$

$$I^- = I_1^- \cup I_2^- \cup \cdots \cup I_i^- \cup \cdots \cup I_{m_1-1}^- \tag{5-5}$$

且 $I = I^+ \cup I^-$。

对于上行第 i 与第 $i+1$ 两个车站之间的各个交叉口表示如下：

$$I_i^+ = I_{i,1}^+ + I_{i,2}^+ + \cdots + I_{i,n}^+ \tag{5-6}$$

其中，

$$\begin{cases} I_{i,1}^+: \text{上行方向两个相邻站台}(i,\ i+1)\text{之间第 1 个交叉口} \\ I_{i,2}^+: \text{上行方向两个相邻站台}(i,\ i+1)\text{之间第 2 个交叉口} \\ \vdots \\ I_{i,n}^+: \text{上行方向两个相邻站台}(i,\ i+1)\text{之间第 } n \text{ 个交叉口} \end{cases}$$

同理，下行第 $i+1$ 与第 i 个车站之间的各个交叉口为

$$I_{i+1}^- = I_{i+1,1}^- + I_{i+1,2}^- + \cdots + I_{i+1,n}^- \tag{5-7}$$

其中，

$$\begin{cases} I_{i+1,1}^-: \text{下行方向两个相邻站台}(i+1,i)\text{之间第 1 个交叉口} \\ I_{i+1,2}^-: \text{下行方向两个相邻站台}(i+1,i)\text{之间第 2 个交叉口} \\ \vdots \\ I_{i+1,n}^-: \text{下行方向两个相邻站台}(i+1,i)\text{之间第 } n \text{ 个交叉口} \end{cases}$$

那么，I_i^+ 的取值为

$$I_i^+ = \begin{cases} 0 & L_{i,i+1}^+ \text{区段没有交叉口} \\ 1 & L_{i,i+1}^+ \text{区段有 1 个交叉口,} L_{i,i+1}^+ = L(S_i^+,\ I_{i,1}^+) \cup L(I_{i,1}^+,\ S_{i+1}^+) \\ 2 & L_{i,i+1}^+ \text{区段有 2 个交叉口,} L_{i,i+1}^+ = L(S_i^+,\ I_{i,1}^+) \cup L(I_{i,1}^+,\ I_{i,2}^+) \cup L(I_{i,2}^+,\ S_{i+1}^+) \\ \vdots \\ n & L_{i,i+1}^+ \text{区段有 } n \text{ 个交叉口,} L_{i,i+1}^+ = L(S_i^+,\ I_{i,1}^+) \cup L(I_{i,1}^+,\ I_{i,2}^+) \cup \cdots \\ & \qquad\qquad\qquad \cup L(I_{i,n}^+,\ S_{i+1}^+) \end{cases} \tag{5-8}$$

同理，I_i^- 的取值为

$$I_i^- = \begin{cases} 0 & L_{i+1,i}^- \text{区段没有交叉口} \\ 1 & L_{i+1,i}^- \text{区段有 1 个交叉口,} L_{i+1,i}^- = L(S_{i+1}^-,\ I_{i,1}^-) \cup L(I_{i,1}^-,\ S_i^-) \\ 2 & L_{i+1,i}^- \text{区段有 2 个交叉口,} L_{i+1,i}^- = L(S_{i+1}^-,\ I_{i,1}^-) \cup L(I_{i,1}^-,\ I_{i,2}^-) \cup L(I_{i,2}^-,\ S_i^-) \\ \vdots \\ n & L_{i+1,i}^- \text{区段有 } n \text{ 个交叉口,} L_{i+1,i}^- = L(S_{i+1}^-,\ I_{i,1}^-) \cup L(I_{i,1}^-,\ I_{i,2}^-) \cup \cdots \\ & \qquad\qquad\qquad \cup L(I_{i,n}^-,\ S_i^-) \end{cases} \tag{5-9}$$

3. 线路区段表示方法

上行方向相邻车站 i 和 $i+1$ 构成的区间可由一系列区段组成：

$$L_{i,i+1}^+ = L(S_i^+, I_{i,1}^+) \cup L(I_{i,1}^+, I_{i,2}^+) \cup \cdots \cup L(I_{i,(n-1)}^+, I_{i,n}^+) \cup L(I_{i,n}^+, S_{i+1}^+) \tag{5-10}$$

同理，可得下行方向相邻车站 $i+1$ 和 i 构成区段表达为

$$L_{i+1,i}^- = L(S_{i+1}^-, I_{i+1,n}^-) \cup L(I_{i+1,n}^-, I_{i+1,n-1}^-) \cup \cdots \cup L(I_{i+1,2}^-, I_{i+1,1}^-) \cup L(I_{i+1,1}^-, S_i^-) \tag{5-11}$$

综上，可得一条线路上交叉口区段的集合为

$$L = L^+ + L^- = \sum_{i=1}^{m_1} L(i, i+1) + \sum_{i=m_1}^{1} L(i+1, 1)$$

$$= \sum_{i=1}^{m_1} L(S_i^+, I_{i,1}^+) \cup L(I_{i,1}^+, I_{i,2}^+) \cup \cdots \cup L(I_{i,(n-1)}^+, I_{i,n}^+) \cup L(I_{i,n}^+ S_{i+1}^+)$$
$$+ L(S_{i+1}^-, I_{i+1,n}^-) \cup L(I_{i+1,n}^-, I_{i+1,n-1}^-) \cup \cdots \cup L(I_{i+1,2}^-, I_{i+1,1}^-) \cup L(I_{i+1,1}^-, S_i^-)$$

$$(5\text{-}12)$$

上行方向线路如图 5-1 所示。

图 5-1   上行方向线路表示图

下行方向线路如图 5-2 所示。

图 5-2   下行方向线路表示图

5.2.2   有轨电车运行图指标

有轨电车运行图指标主要有运行时间、运行速度、走行公里，现分别予以介绍。

1. 运行时间

有轨电车在车站之间运行时，由于受停站上下客、交叉口是否等待等各种因素的影响，两个相邻车站之间的运行时间存在多种可能的情形，利用示性函数可以给出有轨电车在两个相邻车站之间的运行时间表达。

上行方向第 k 个班次在两个相邻车站 i 和 $i+1$ 之间的运行时间为

$$t_{S_i^+, S_{i+1}^+}(k) = (1 - \varphi_{\text{站停}, S_i^+}(k))(t_{\text{d}, S_i^+}(k) + t_{\text{起动}, S_i^+}(k)) + t_{\text{纯运}(S_i^+, S_{i+1}^+)}(k)$$
$$+ \sum_{j=1}^{n} (\varphi_{I_{i,j}^+}(1 - \varphi_{\text{口停}, I_{i,j}^+}(k))(t_{\text{d}, I_{i,j}^+}(k) + t_{\text{起动}, I_{i,j}^+}(k) + t_{\text{制动}, I_{i,j}^+}(k)))$$
$$+ (1 - \varphi_{\text{站停}, S_{i+1}^+}(k))t_{\text{制动}, S_{i+1}^+}(k)$$

$$(5\text{-}13)$$

式中，$t_{S_i^+, S_{i+1}^+}(k)$——在上行方向相邻车站 i 和 $i+1$ 之间总的运行时间；

$t_{\text{d}, S_i^+}(k)$——第 k 班电车在上行方向车站 i 的等待时间；

$t_{\text{起动}, S_i^+}(k)$——第 k 班电车在上行方向车站 i 的起动附加时间；

$t_{\text{纯运}(S_i^+, S_{i+1}^+)}(k)$——第 k 班电车在上行方向相邻车站 i 和 $i+1$ 之间的纯运行时间；

$t_{\text{d}, I_{i,j}^+}(k)$——第 k 班电车在上行方向交叉口 $I_{i,j}^+$ 的等待时间；

$t_{起动,I_{i,j}^+}(k)$——第 k 班电车在上行方向交叉口 $I_{i,j}^+$ 的起动附加时间；

$t_{制动,I_{i,j}^+}(k)$——第 k 班电车在上行方向交叉口 $I_{i,j}^+$ 的制动附加时间；

$t_{制动,S_{i+1}^+}(k)$——第 k 班电车在上行方向车站 $i+1$ 的制动附加时间。

式中，示性函数的含义如下：

$$\varphi_{站停,S_i^+}(k) = \begin{cases} 1 & 第\ k\ 班电车在上行方向第\ i\ 个车站通过 \\ 0 & 第\ k\ 班电车在上行方向第\ i\ 个车站停车 \end{cases} \tag{5-14}$$

$$\varphi_{I_{i,j}^+} = \begin{cases} 1 & 第\ I_{i,j}^+\ 个交叉口存在 \\ 0 & 第\ I_{i,j}^+\ 个交叉口不存在 \end{cases} \tag{5-15}$$

$$\varphi_{口停,I_{i,j}^+}(k) = \begin{cases} 1 & 第\ k\ 班电车在第\ I_{i,j}^+\ 个交叉口通过 \\ 0 & 第\ k\ 班电车在第\ I_{i,j}^+\ 个交叉口停车 \end{cases} \tag{5-16}$$

同理，可给出下行方向第 k 个班次在两个相邻车站 $i+1$ 和 i 之间的运行时间为

$$t_{S_{i+1}^-,S_i^-}(k) = (1-\varphi_{站停,S_{i+1}^-}(k))(t_{d,S_{i+1}^-}(k)+t_{起动,S_{i+1}^-}(k))+t_{纯运(S_{i+1}^-,S_i^-)}(k)$$
$$+\sum_{j=1}^n (\varphi_{I_{i+1,j}^-}(1-\varphi_{口停,I_{i+1,j}^-}(k))(t_{d,I_{i+1,j}^-}(k)+t_{起动,I_{i+1,j}^-}(k)+t_{制动,I_{i+1,j}^-}(k)))$$
$$+(1-\varphi_{站停,S_i^-}(k))t_{制动,S_i^-}(k) \tag{5-17}$$

2. 运行速度

一般评价有轨电车运行图的速度包括有轨电车的运行速度、技术速度、旅行速度三项，本书另外给出了有轨电车的瞬时速度表达。

1）有轨电车运行速度

有轨电车在区段内运行，不包括站停时间及加减速附加时间的平均速度。

$$v_{运} = \frac{\sum nL}{\sum nt_{纯运}} = \frac{\sum\limits_{i=1}^{m_1} L(S_i^+,S_{i+1}^+)}{\sum\limits_{i=1}^{m_1} t_{S_i^+,S_{i+1}^+}(k)} \tag{5-18}$$

式中，$\sum nL$——各区段有轨电车走行公里的总和；

$\sum nt_{纯运}$——有轨电车纯运行时间，不包括停车时间及附加时间。

2）有轨电车技术速度

有轨电车在区段内运行，不包括站停时间和交叉口等待时间，但包括加减速附加时间在内的平均速度。

$$v_{技} = \frac{\sum nL}{\sum nt_{纯运}+\sum nt_{起停}} = \frac{\sum\limits_{i=1}^{m_1} L(S_i^+,S_{i+1}^+)}{\sum\limits_{i=1}^{m_1} t_{纯运(S_i^+,S_{i+1}^+)}+\sum\limits_{i=1}^{m_1} t_{起停(S_i^+,S_{i+1}^+)}} \tag{5-19}$$

式中，$\sum nL$ ——各区段有轨电车走行公里的总和；

$\sum nt_{起停}$ ——加减速附加时间。

3）有轨电车旅行速度

有轨电车在区段内运行，包括站停时间和加减速附加时间在内的平均速度。

$$
\begin{aligned}
v_{旅} &= \frac{\sum nL}{\sum nt_{纯运} + \sum nt_{起停} + \sum nt_{中停}} \\
&= \frac{\sum_{i=1}^{m_1} L(S_i^+, S_{i+1}^+)}{\sum_{i=1}^{m_1} t_{纯运(S_i^+, S_{i+1}^+)} + \sum_{i=1}^{m_1} t_{起停(S_i^+, S_{i+1}^+)} + \sum_{i=1}^{m_1} t_{d,S_i^+} + \sum_{i=1}^{m_1}\sum_{j=1}^{n} t_{d,I_{i,j}^+}}
\end{aligned} \tag{5-20}
$$

式中，$\sum nL$ ——各区段有轨电车走行公里的总和；

$\sum nt_{中停}$ ——站停时间和交叉口等待时间。

4）有轨电车瞬时速度

有轨电车从车站 i 到车站 $i+1$ 的运行过程中，若中间没有交叉口，则可能运行方式有以下 4 种，如图 5-3 所示。

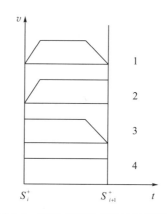

图 5-3　两站点间无交叉口运行情况

曲线 1 表示有轨电车在站 i 停车，从站 i 开始起动，加速运行一段时间后，匀速行驶，在接近站 $i+1$ 的时候进行减速运行，直至到站 $i+1$ 停车。

曲线 2 表示有轨电车在站 i 停车，从站 i 开始起动，加速运行一段时间后，匀速行驶直至到站 $i+1$。

曲线 3 表示有轨电车在站 i 没有停车，保持上一个车站驶来时的速度匀速行驶，在接近站 $i+1$ 的时候进行减速运行，直至到站 $i+1$ 停下。

曲线 4 表示有轨电车在站 i 没有停车，保持上一个车站驶来时的速度匀速行驶，直至到站 $i+1$。

以类型 1 为例，给出有轨电车从车站 i 到车站 $i+1$ 的运行过程中瞬时速度的表达形式。

令 τ_1 表示有轨电车在站 i 的发车时刻，τ_2 表示有轨电车由加速运行向匀速运行转变的时刻，τ_3 表示有轨电车由匀速运行向减速运行转变的时刻，τ_4 表示有轨电车到达车站 $i+1$ 的时刻。

由牛顿力学公式，可得瞬时速度的如下分段表示：

$$v\left(t\right)_{S_i^+,S_{i+1}^+} = \begin{cases} a_{起动}t & \tau_1 \leqslant t \leqslant \tau_2 \\ a_{起动}\tau_2 & \tau_2 \leqslant t \leqslant \tau_3 \\ a_{起动}\tau_2 - a_{制动}\left(t-\tau_3\right) & \tau_3 \leqslant t \leqslant \tau_4 \end{cases} \qquad (5\text{-}21)$$

式中，$a_{起动}$——起动加速度；

$a_{制动}$——制动加速度。

有轨电车从车站 i 到车站 $i+1$ 的运行过程中，若中间有一个交叉口，则可能的速度类型共有 12 种，如图 5-4 所示。

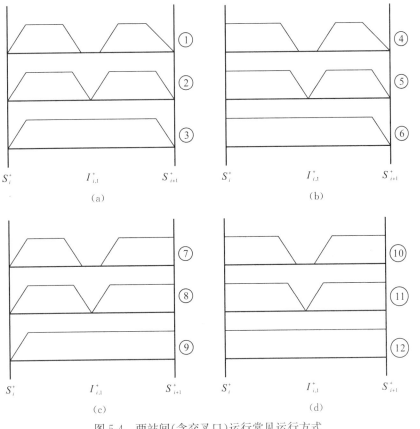

图 5-4　两站间(含交叉口)运行常见运行方式

以最普遍的情况即类型 1 为例（图 5-5），给出有轨电车从车站 i 到车站 $i+1$ 的行驶过程中，中间有一个交叉口情形下的速度表达。

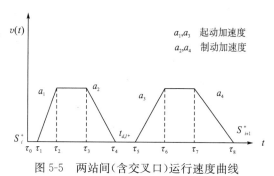

a_1, a_3　起动加速度
a_2, a_4　制动加速度

图 5-5　两站间（含交叉口）运行速度曲线

由图 5-5 得

$$\tau_{s,S_i^+}(k) - \tau_{a,S_i^+}(k) = \begin{cases} 0 & \varphi_{\,\text{站停},S_i^+}(k) = 1 \\ t_{d,S_i^+} & \varphi_{\,\text{站停},S_i^+}(k) = 0 \end{cases} \tag{5-22}$$

$$\tau_{s,I_{i,1}^+}(k) - \tau_{a,I_{i,1}^+}(k) = \begin{cases} 0 & \varphi_{\,\text{口停},I_{i,1}^+}(k) = 1 \\ t_{d,I_{i,1}^+} & \varphi_{\,\text{口停},I_{i,1}^+}(k) = 0 \end{cases} \tag{5-23}$$

式中，τ_1，τ_5——有轨电车在站点和交叉口停车后起动的时刻，分别用 $\tau_{s,S_i^+}(k)$，$\tau_{s,I_{i,1}^+}(k)$ 表示；

τ_0，τ_4，τ_8——有轨电车到达交叉口和站点时刻，分别用 $\tau_{a,S_i^+}(k)$，$\tau_{a,I_{i,1}^+}(k)$，$\tau_{a,S_{i+1}^+}(k)$ 表示；

τ_2，τ_6——有轨电车在路段上匀速行驶的开始时刻，分别用 $\tau_{e-b,S_i^+}(k)$，$\tau_{e-b,I_{i,1}^+}(k)$ 表示；

τ_3，τ_7——有轨电车在路段上匀速行驶的结束时刻，分别用 $\tau_{e-e,S_i^+}(k)$，$\tau_{e-e,I_{i,1}^+}(k)$ 表示。

由牛顿力学定律可得有轨电车在各个不同时间段的瞬时速度的表达如下：

$$v_{S_i^+,S_{i+1}^+}(t,k) = \begin{cases} 0 & \tau_0 \leqslant t \leqslant \tau_1 \\ a^+(t - \tau_1) & \tau_1 \leqslant t \leqslant \tau_2 \\ a^+ \tau_{s,S_i^+} & \tau_2 \leqslant t \leqslant \tau_3 \\ a^+ \tau_{s,S_i^+} - a^-(t - \tau_3) & \tau_3 \leqslant t \leqslant \tau_4 \\ 0 & \tau_4 \leqslant t \leqslant \tau_5 \\ a^+(t - \tau_5) & \tau_5 \leqslant t \leqslant \tau_6 \\ a^+ \tau_{s,I_{i,1}^+} & \tau_6 \leqslant t \leqslant \tau_7 \\ a^+ \tau_{s,I_{i,1}^+} - a^-(t - \tau_7) & \tau_7 \leqslant t \leqslant \tau_8 \end{cases} \tag{5-24}$$

式中，a_1，a_3——在交叉口和车站的起动加速度，用 a^+ 表示；

a_2，a_4——停在交叉口和车站的制动加速度，用 a^- 表示。

3. 走行公里

有轨电车的走行公里即有轨电车的运行距离，对于上行方向任意两相邻车站 $i \sim i+1$，对瞬时速度关于电车由 i 和 $i+1$ 的运行时间求积分，即为这两个相邻车站之间的走行公里：

$$L(S_i^+, S_{i+1}^+) = \int_0^{t_{S_i^+, S_{i+1}^+}^{(k)}} v\,(t)_{S_i^+, S_{i+1}^+} \,\mathrm{d}t \tag{5-25}$$

上行方向任意两相邻车站 i 和 $i+1$ 之间存在一个交叉口并且速度满足类型 1 的情形下走行公里为

$$L(S_i^+, S_{i+1}^+) = \int_{\tau_1}^{\tau_2} a^+\,(t - \tau_1)\mathrm{d}t + (\tau_3 - \tau_2)a^+\,\tau_{\mathrm{s}, S_i^+} + \int_{\tau_3}^{\tau_4} (a^+\,\tau_{\mathrm{s}, S_i^+} - a^-\,(t - \tau_3))\mathrm{d}t$$
$$+ \int_{\tau_5}^{\tau_6} a^+\,(t - \tau_5)\mathrm{d}t + (\tau_7 - \tau_6)a^+\,\tau_{\mathrm{s}, I_{i,1}^+} + \int_{\tau_7}^{\tau_8} (a^+\,\tau_{\mathrm{s}, I_{i,1}^+} - a^-\,(t - \tau_7))\mathrm{d}t \tag{5-26}$$

5.2.3　有轨电车运行图约束条件

1）有轨电车区间运行时分要求

$$\begin{cases} \tau_{\mathrm{s}, S_i^+}(k) - \tau_{\mathrm{a}, S_i^+}(k) - (1 - \varphi_{\text{站停}, S_i^+}(k))(t_{\text{起}, S_i^+}(k) + t_{\text{停}, S_i^+}(k)) = t_{\mathrm{d}, S_i^+} \\ \tau_{\mathrm{s}, S_i^-}(k) - \tau_{\mathrm{a}, S_i^-}(k) - (1 - \varphi_{\text{站停}, S_i^-}(k))(t_{\text{起}, S_i^-}(k) + t_{\text{停}, S_i^-}(k)) = t_{\mathrm{d}, S_i^-} \\ \tau_{\mathrm{s}, I_{i,j}^+}(k) - \tau_{\mathrm{a}, I_{i,j}^+}(k) - (1 - \varphi_{\text{口停}, I_{i,j}^+}(k))(t_{\text{起}, I_{i,j}^+}(k) + t_{\text{停}, I_{i,j}^+}(k)) = t_{\mathrm{d}, I_{i,j}^+} \\ \tau_{\mathrm{s}, I_{i,j}^-}(k) - \tau_{\mathrm{a}, I_{i,j}^-}(k) - (1 - \varphi_{\text{口停}, I_{i,j}^-}(k))(t_{\text{起}, I_{i,j}^-}(k) + t_{\text{停}, I_{i,j}^-}(k)) = t_{\mathrm{d}, I_{i,j}^-} \\ \forall i, \forall j, \forall k \end{cases} \tag{5-27}$$

2）同向有轨电车到达时刻约束

上（或下）行同向第 k 班有轨电车与第 $k+n$ 班电车到达车站 i 的时刻间隔应分别大于设定的安全间隔。

$$\begin{cases} |\tau_{\mathrm{a}, S_i^+}(k) - \tau_{\mathrm{a}, S_i^+}(k+n)| \geqslant \tau_{\text{safe}-i} \\ |\tau_{\mathrm{a}, S_i^-}(k) - \tau_{\mathrm{a}, S_i^-}(k+n)| \geqslant \tau_{\text{safe}-i} \\ \forall i, \forall k \end{cases} \tag{5-28}$$

上（或下）行同向第 k 班有轨电车与第 $k+n$ 班有轨电车到达交叉口 $I_{i,j}$ 的时刻应大于设定的安全间隔。

$$\left.\begin{array}{l} \left|\tau_{a,I_{i,j}^+}(k)-\tau_{a,I_{i,j}^+}(k+n)\right| \geqslant \tau_{safe-j} \\ \left|\tau_{a,I_{i,j}^-}(k)-\tau_{a,I_{i,j}^-}(k+n)\right| \geqslant \tau_{safe-j} \\ \forall j, \forall k \end{array}\right\} \tag{5-29}$$

3）同向有轨电车不同时到发间隔要求

$$\left.\begin{array}{l} 当\,\tau_{s,S_i^+}(k)-\tau_{a,S_i^+}(k+n) \geqslant 0\,时,\tau_{s,S_i^+}(k)-\tau_{a,S_i^+}(k+n) \geqslant t_{发到} \\ 当\,\tau_{s,S_i^-}(k)-\tau_{a,S_i^-}(k+n) \geqslant 0\,时,\tau_{s,S_i^-}(k)-\tau_{a,S_i^-}(k+n) \geqslant t_{发到} \\ \forall i, \forall k, n \neq 0 \end{array}\right\} \tag{5-30}$$

4）同向有轨电车不同时发到间隔要求

$$\left.\begin{array}{l} 当\,\tau_{a,S_i^+}(k)-\tau_{s,S_i^+}(k+n) \geqslant 0\,时,\tau_{a,S_i^+}(k)-\tau_{s,S_i^+}(k+n) \geqslant t_{到发} \\ 当\,\tau_{a,S_i^-}(k)-\tau_{s,S_i^-}(k+n) \geqslant 0\,时,\tau_{a,S_i^-}(k)-\tau_{s,S_i^-}(k+n) \geqslant t_{到发} \\ \forall i, \forall k, n \neq 0 \end{array}\right\} \tag{5-31}$$

5）对向有轨电车交叉口配对要求

$$\left.\begin{array}{l} \varphi\left\{\left|\tau_{a,I_{i,j}^+}(k)-\tau_{a,I_{i,j}^-}(k+n)\right|\right\} = \begin{cases} 1, & \text{if } \left|\tau_{a,I_{i,j}^+}(k)-\tau_{a,I_{i,j}^-}(k+n)\right| \leqslant \Delta\tau \\ 0, & \text{else} \end{cases} \\ \forall i, \forall j, \forall k \end{array}\right\} \tag{5-32}$$

示性函数用于判定是否满足配对条件，取值为 1 表示满足配对条件，取值为 0 表示不满足配对条件。

6）满足机车乘务组人员工作时间标准

$$\left.\begin{array}{l} \tau_{s,S_1^+}(k+1)-\tau_{a,S_1^+}(k) \geqslant t_{乘} \\ \tau_{s,S_{m_1}^-}(k+1)-\tau_{a,S_{m_1}^-}(k) \geqslant t_{乘} \\ \forall k \end{array}\right\} \tag{5-33}$$

5.3　有轨电车自适应调整模型

5.3.1　有轨电车运行调整模型

有轨电车运行调整的主要任务是当有轨电车在运行过程中受到干扰时，通过采用某种调整策略或方法，使有轨电车尽快恢复有序的运行状态。计划运行图既是有轨电车运行调整的依据，同时也是有轨电车运行调整的目的。

计划运行调整过程是一个不断对车辆实际运行图进行调整来消除干扰因素的优化过程，最终使实际运行图与计划运行图的差异达到最小化[61]。

传统的列车运行调整模型中，通常只考虑列车到达各个车站的总晚点时间，而忽略了列车在各个车站的出发总晚点时间，其晚点列车运行调整数学模型的目标函数为

$$F = \min \sum_{i=1}^{m} \sum_{k=1}^{p} \rho[\text{level}(x)][\tau'_{a,s_i}(k) - \tau_{a,s_i}(k)] \tag{5-34}$$

式中，$\text{level}(x)$——列车等级；

ρ——列车等级所对应的权值。

列车等级越高，在调整过程中所占的权值越大。

有轨电车前序车辆的运行情况制约着后序车辆的运行，而后序车辆的到站时间直接受到前序车辆发车时间的影响。

有轨电车运行是车辆在车站和交叉口的停车和区间运行过程相互交替实现的。本书在第 3、4 章已经详细阐述了有轨电车在车站和交叉口的等待时间的影响因子和计算方法，所以将上述列车调整模型加以改进，得到目标函数为

$$F = \min \sum_{i=1}^{m} \sum_{j=1}^{n} \sum_{k=1}^{p} \rho[\text{level}(x)][\,|\tau'_{s,s_i}(k) - \tau_{s,s_i}(k)| + |\tau'_{s,l_{i,j}}(k) - \tau_{s,l_{i,j}}(k)|\,]$$

$$\tag{5-35}$$

一般有轨电车在运行中，对于车辆的等级不予考虑，则可以简化为如下模式：

$$F = \min \sum_{i=1}^{m} \sum_{j=1}^{n} \sum_{k=1}^{p} |\tau'_{s,s_i}(k) - \tau_{s,s_i}(k)| + |\tau'_{s,l_{i,j}}(k) - \tau_{s,l_{i,j}}(k)| \tag{5-36}$$

在有轨电车运行过程中，任意相邻两辆班次在线路上任意两点之间的距离必须大于设定的最小行车间隔且小于最大行车间隔，以安全行车间隔为约束条件：

$$d_{\min} \leqslant d_{(k,k+1)}(t) \leqslant d_{\max} \tag{5-37}$$

式中，$d_{\max}$——相邻两班电车的最大间隔；

$d_{\min}$——相邻两班电车的最小间隔。

无论调整前后还是在运行过程中，相邻两班次有轨电车之间的间隔必须满足上述行车间隔约束。车辆的实际行车间隔不能小于规定的最小行车间隔，以保证同向车辆的安全运行，也不能大于最大行车间隔，以防止车辆、线路的利用浪费。

对全线线路车辆运行调整的设计方案为

$$\psi(k) \rightarrow \psi'(k) \rightarrow \psi''(k) \rightarrow (\psi'''(k) \rightarrow \psi''(k)) \tag{5-38}$$

对存在运行偏差的车辆进行速度诱导，得到运行方式 $\psi'(k)$，根据调整后的运行方式计算相邻两个班次车辆的运行间隔，根据运行间隔的约束，再次对运行

方式做调整，得到 $\psi''(k)$，最后依据交叉口配对的原则，对符合交叉口配对的班次再次进行速度诱导，得到运行方式 $\psi'''(k)$，为了保证整条线路运行的安全，仍需保证 $\psi'''(k)$ 的运行方式满足运行间隔的约束，即 $\psi''(k)$。

5.3.2　有轨电车运行调整方案

相关参数及变量如下所示。

$\Delta t_{S_i}^{+/-}(k)$：第 k 班有轨电车在站点发车时刻偏差。

$\varphi_{诱导,S_i}(k)$：第 k 班有轨电车在站点的速度诱导示性函数。

$v_{\max}$：有轨电车的最高运行速度。

$v_{\min}$：有轨电车的最低运行速度。

$\Delta t_{\max(S_i,S_{i+1})}(k)$：第 k 班有轨电车在路段 $L(S_i,S_{i+1})$ 内加速到 $v_{\max}$ 可以调整的最大时间偏差。

$\Delta t_{\min(S_i^+,S_{i+1}^+)}(k)$：第 k 班有轨电车在路段 $L(S_i,S_{i+1})$ 内减速到 $v_{\min}$ 可以调整的最大时间偏差。

$v_{S_i,S_{i+1}}(t,k)$：第 k 班有轨电车在路段 $L(S_i,S_{i+1})$ 的瞬时速度。

$\psi_{S_i/I_{i,j}}(k)$：第 k 班有轨电车在车站或交叉口的计划运行方式。

$\psi'_{S_i/I_{i,j}}(k)$：第 k 班有轨电车在车站或交叉口的偏差调整运行方式。

$\psi_{\Delta t_{S_i/I_{i,j}}}(k)$：第 k 班有轨电车在车站或交叉口为起始的路段调整偏差时间 $\Delta t_{S_i/I_{i,j}}$ 的运行方式。

$\psi_{\max,S_i/I_{i,j}}(k)$：第 k 班有轨电车在车站或交叉口为起始的路段加速到 $v_{\max}$ 的运行方式。

$\psi_{\min,S_i^+/I_{i,j}^+}(k)$：第 k 班有轨电车在车站或交叉口为起始的路段减速到 $v_{\min}$ 的运行方式。

a^+：有轨电车的起动加速度。

a^-：有轨电车的制动减速度。

$t_{加,(S_i,S_{i+1})}(k)$：第 k 班有轨电车在车站 $i\sim i+1$ 的加速运行时间。

$t_{匀,(S_i^+,S_{i+1}^+)}(k)$：第 k 班有轨电车在车站 $i\sim i+1$ 的匀速运行时间。

$t_{减,(S_i^+,S_{i+1}^+)}(k)$：第 k 班有轨电车在车站 $i\sim i+1$ 的减速运行时间。

$t'_{加,(S_i^+,S_{i+1}^+)}(k)$：第 k 班有轨电车在车站 $i\sim i+1$ 调整后的加速运行时间。

$t'_{匀,(S_i^+,S_{i+1}^+)}(k)$：第 k 班有轨电车在车站 $i\sim i+1$ 调整后的匀速运行时间。

$t'_{减,(S_i^+,S_{i+1}^+)}(k)$：第 k 班有轨电车在车站 i 和 $i+1$ 之间调整后的减速运行时间。

1. 调整偏差判定

在每个区段的初始位置对有轨电车车辆的运行时刻进行判断，以确定是否存在偏差，是后序车辆进行调控调度的基础。判定的目的在于确定是否要进行速度诱导，若有偏差存在，则需要进行速度诱导，若没有偏差，则无须进行速度诱导，按计划时刻表运行即可。

下文以两个站点之间的运行调整为例进行说明。

定义如下速度诱导示性函数：

$$\varphi_{\text{诱导},S_i^{+/-}}(k) = \begin{cases} 1 & \text{上 / 下行方向第 } k \text{ 班电车在第 } i \text{ 个车站发车存在时间偏差} \\ 0 & \text{上 / 下行方向第 } k \text{ 班电车在第 } i \text{ 个车站发车没有时间偏差} \end{cases}$$

$$(5\text{-}39)$$

如果 $\varphi_{\text{诱导},S_i}(k)=1$，则需要进行速度调整；若 $\varphi_{\text{诱导},S_i}(k)=0$，则按原计划时刻表运行即可。

进行速度调整的原理为：通过比较车辆在每个站点和交叉口的实际发车时刻与理论发车时刻的偏差 $\Delta t_{S_i^{+/-}/I_{i,j}^{+/-}}(k)$，来判断速度诱导方式。如果早发车，则减速运行；如果晚发车，则加速运行；如果没有偏差，则按照运行图正常运行。

下面以某两个站点之间的发车时刻进行说明。

计算站点发车时刻偏差：

$$\begin{cases} \Delta t_{S_i^+}(k) = \tau_{s,S_i^+}'(k) - \tau_{s,S_i^+}(k) \\ \Delta t_{S_i^-}(k) = \tau_{s,S_i^-}'(k) - \tau_{s,S_i^-}(k) \end{cases}$$

$$(5\text{-}40)$$

根据 $\Delta t_{S_i^{+/-}}(k)$ 的正负与大小，得到诱导函数的初值，并选择相应的调整方案。

$$\Delta t_{S_i^{+/-}}(k) \begin{cases} > 0 & \varphi_{\text{诱导},S_i^{+/-}}(k) = 1, \text{上 / 下行第 } k \text{ 班电车发车晚点} \\ = 0 & \varphi_{\text{诱导},S_i^{+/-}}(k) = 0, \text{上 / 下行第 } k \text{ 班电车发车准点} \\ < 0 & \varphi_{\text{诱导},S_i^{+/-}}(k) = 1, \text{上 / 下行第 } k \text{ 班电车发车提前} \end{cases}$$

$$(5\text{-}41)$$

2. 区段调整方案

有轨电车通过延长加速运行时间、减少匀速运行时间以及提前减速等方式进行速度调整，进而调整电车运行过程中的偏差，由于存在调整前后区段长度不变，以及起动加速度和制动减速度始终不变的约束，由牛顿第二定律可以得到有轨电车在每个区段消除的偏差。以上行为例进行说明，具体计算过程如下。

有轨电车按计划运行图行驶时，在站点间运行的时间、速度计算如下：

$$
\begin{cases}
t_{\text{总}(s_i^+,s_{i+1}^+)} = t_{\text{加}(s_i^+,s_{i+1}^+)} + t_{\text{匀}(s_i^+,s_{i+1}^+)} + t_{\text{减}(s_i^+,s_{i+1}^+)} \\
L_{(s_i^+,s_{i+1}^+)} = \dfrac{1}{2}a^+ t_{\text{加}(s_i^+,s_{i+1}^+)}^2 + a^+ t_{\text{加}(s_i^+,s_{i+1}^+)}t_{\text{匀}(s_i^+,s_{i+1}^+)} + \dfrac{1}{2}a^- t_{\text{减}(s_i^+,s_{i+1}^+)}^2 \\
a^+ t_{\text{加}(s_i^+,s_{i+1}^+)} = a^- t_{\text{减}(s_i^+,s_{i+1}^+)}
\end{cases}
$$
$$(5\text{-}42)$$

有轨电车在路段的瞬时速度如下：

$$
v_{s_i^+,s_{i+1}^+}(t,k) = \begin{cases}
a^+ t & 0 < t < \tau_{e\text{-}b,s_i^+}(k) \\
a^+ \tau_{e\text{-}b,s_i^+}(k) & \tau_{e\text{-}b,s_i^+}(k) \leqslant t \leqslant \tau_{e\text{-}e,s_i^+}(k) \\
a^+ \tau_{e\text{-}b,s_i^+}(k) - a^-[t - \tau_{e\text{-}e,s_i^+}(k)] & \tau_{e\text{-}e,s_i^+}(k) < t < \tau_{a,s_{i+1}^+}(k)
\end{cases}
$$
$$(5\text{-}43)$$

$\Delta t_{s_i^+}(k) > 0$ 时，即有轨电车发车晚点，晚点时段为 $\Delta t_{s_i^+}(k)$。

计算路段内加速可以调整的最大时间偏差 $\Delta t_{\max(s_i^+,s_{i+1}^+)}(k)$（图 5-6），即有轨电车加速到 $v_{\max}$ 时相比按计划行驶可以调整的时间偏差。

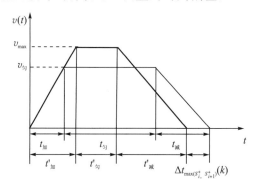

图 5-6　两车站区段间加速运行调整曲线

（1）当 $\Delta t_{s_i^+}(k) \geqslant \Delta t_{\max(s_i^+,s_{i+1}^+)}(k)$ 时，即加速到最大速度 $v_{\max}$ 也无法将偏差在这一段消除时，那么，在这个路段的匀速过程采用 $v_{\max}$ 行驶，剩下的时间偏差在下一站继续加速运行进行消除。

（2）当 $\Delta t_{s_i^+}(k) < \Delta t_{\max(s_i^+,s_{i+1}^+)}(k)$ 时，即在该路段不加速到最大速度 $v_{\max}$，也可以将偏差时间消除。

通过计算时间偏差，可得本路段总的行驶时间为

$$t'_{\text{总}} = t_{\text{总}} - \Delta t_{s_i^+}(k) \tag{5-44}$$

$$
\begin{cases}
t'_{\text{总}(s_i^+,s_{i+1}^+)} = t'_{\text{加}(s_i^+,s_{i+1}^+)} + t'_{\text{匀}(s_i^+,s_{i+1}^+)} + t'_{\text{减}(s_i^+,s_{i+1}^+)} \\
L_{(s_i^+,s_{i+1}^+)} = \dfrac{1}{2}a^+ t'^2_{\text{加}(s_i^+,s_{i+1}^+)} + a^+ t'_{\text{加}(s_i^+,s_{i+1}^+)}t'_{\text{匀}(s_i^+,s_{i+1}^+)} + \dfrac{1}{2}a^- t'^2_{\text{减}(s_i^+,s_{i+1}^+)} \\
a^+ t'_{\text{加}(s_i^+,s_{i+1}^+)} = a^- t'_{\text{减}(s_i^+,s_{i+1}^+)}
\end{cases}
$$
$$(5\text{-}45)$$

以上方程组为三元二次方程组，但由于只能取正值，故可通过代入法求得有轨电车在每一段的运行速度。

有轨电车持续晚点发车的运行调整的方式为

$$\psi'_{\max,S_i}(k,\Delta t_{S_i}(k) \geqslant \Delta t_{\max(S_i,S_{i+1})}(k)) \rightarrow \psi'_{\max,S_{i+1}}(k,\Delta t_{S_{i+1}}(k) \geqslant \Delta t_{\max(S_{i+1},S_{i+2})}(k))$$

$$\rightarrow \cdots \rightarrow \psi'_{\Delta t_{S_{i+n}}(k),S_{i+1}}(k,\Delta t_{S_{i+n}}(k) \leqslant \Delta t_{\max(S_{i+n},S_{i+n})}(k)) \tag{5-46}$$

提前发车调整方式原理同晚点。

当 $\Delta t_{S_i^+}(k) < 0$ 时，即电车发车提前，提前发车时段为 $\Delta t_{S_i^+}(k)$。

计算路段内减速可以调整的最大时间偏差 $\Delta t_{\min(S_i^+,S_{i+1}^+)}(k)$（图 5-7），即有轨电车减速到 $v_{\min}$ 时相比按计划行驶可以调整的时间偏差。

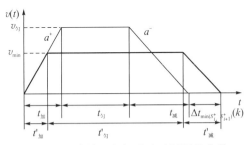

图 5-7　两车站区段间减速运行调整曲线

（1）当 $|\Delta t_{S_i^+}(k)| \geqslant \Delta t_{\min(S_i^+,S_{i+1}^+)}(k)$ 时，即使减速到最低速度 $v_{\min}$ 也无法将偏差在这一段消除，那么，在这个路段的匀速过程采用 $v_{\min}$ 行驶，剩下的时间偏差在下一站继续减速进行消除。

（2）当 $|\Delta t_{S_i^+}(k)| < \Delta t_{\min(S_i^+,S_{i+1}^+)}(k)$ 时，即在该路段不减速到最小速度 $v_{\min}$，也可以将偏差时间消除。

通过计算时间偏差，可得本路段的行驶时间为

$$t'_{总} = t_{总} - |\Delta t_{S_i^+}(k)| \tag{5-47}$$

将 $t'_{总}$ 作为已知量，带入(5-45)进行计算。

有轨电车持续提前发车的运行调整的方式为

$$\psi'_{\min,S_i}(k,|\Delta t_{S_i}(k)| \geqslant \Delta t_{\min(S_i,S_{i+1})}(k)) \rightarrow \psi'_{\min,S_{i+1}}(k,|\Delta t_{S_{i+1}}(k)| \geqslant$$

$$\Delta t_{\min(S_{i+1},S_{i+2})}(k)) \rightarrow \cdots \rightarrow \psi'_{\Delta t_{S_{i+n}}(k),S_{i+1}}(k,|\Delta t_{S_{i+n}}(k)| \leqslant \Delta t_{\min(S_{i+n},S_{i+n})}(k))$$

$$\tag{5-48}$$

综上，得出电车在上、下行每个路段起始点的运行方式为

$$\psi'_{S_i^+/I_{i,j}^+}(k) = \begin{cases} \psi_{S_i^+/I_{i,j}^+}(k), & \text{if } \Delta t_{S_i^+/I_{i,j}^+}(k) = 0 \\ \psi_{\max,S_i^+/I_{i,j}^+}(k), & \text{if } \Delta t_{S_i^+/I_{i,j}^+}(k) > 0 \cap \Delta t_{S_i^+/I_{i,j}^+}(k) - \Delta t_{\max,(S_i^+/I_{i,j}^+,S_{i+1}^+)}(k) > 0 \\ \psi_{\min,S_i^+/I_{i,j}^+}(k), & \text{if } \Delta t_{S_i^+/I_{i,j}^+}(k) < 0 \cap |\Delta t_{S_i^+/I_{i,j}^+}(k)| - \Delta t_{\min,(S_i^+/I_{i,j}^+,S_{i+1}^+)}(k) > 0 \\ \psi_{\Delta t_{S_i^+/I_{i,j}^+}}(k), & \text{else} \end{cases}$$

$$\tag{5-49}$$

$$\psi'_{s^-_{i+1}/I^-_{i+1,j}}(k) = \begin{cases} \psi_{s^-_{i+1}/I^-_{i+1,j}}(k), & \text{if } \Delta t_{s^-_{i+1}/I^-_{i+1,j}}(k) = 0 \\ \psi_{\max,s^-_{i+1}/I^-_{i+1,j}}(k), & \text{if } \Delta t_{s^-_{i+1}/I^-_{i+1,j}}(k) > 0 \cap \Delta t_{s^-_{i+1}/I^-_{i+1,j}}(k) - \Delta t_{\max,(s^-_{i+1}/I^-_{i+1,j},s^+_i)}(k) > 0 \\ \psi_{\min,s^-_{i+1}/I^-_{i+1,j}}(k), & \text{if } \Delta t_{s^-_{i+1}/I^-_{i+1,j}}(k) < 0 \cap |\Delta t_{s^-_{i+1}/I^-_{i+1,j}}(k)| - \Delta t_{\min,(s^-_{i+1}/I^-_{i+1,j},s^-_i)}(k) > 0 \\ \psi_{\Delta t_{s_{i+1}/I^+_{i+1,j}}}(k), & \text{else} \end{cases}$$

$$\text{(5-50)}$$

5.3.3 行车间隔调整模型

相关参数与变量如下所示。

$\psi''_{S_i}(k)$：第 k 班有轨电车在车站起始的路段由于运行间隔而调整的运行方式。

$\Delta s_{S_i,(k,k+1)}(t)$：第 k 及 $k+1$ 班有轨电车运行间隔变化的时间函数。

$d_{S_i,(k,k+1)}$：第 $k+1$ 班有轨电车在 S_i 站出发时刻与第 $k+1$ 班电车的瞬时距离。

$\tau_{S_i,\max}(k,k+1)$：第 k 及 $k+1$ 班有轨电车处于最大间隔的时刻。

$\tau_{S_i,\min}(k,k+1)$：第 k 及 $k+1$ 班有轨电车处于最小间隔的时刻。

按照以上计算方法对有轨电车速度进行调整时，在后一班出发的有轨电车实时检测与相邻的前一班有轨电车的距离，并在每一个站点、交叉口进行速度调整计算后，根据前一班次的行驶状态，计算与前一班次的间隔。如果达到最小间隔，且间隔不断减少，则调整后一班次有轨电车的行驶方式，匀速、减速处理，实时运行中紧急停车处理；如果间隔较大，达到最大间隔，则后一班次电车加速到 $v_{\max}$ 行驶。

以第 $k+1$ 班、第 k 班有轨电车的间隔计算为例进行说明。

首先需要判断第 $k+1$ 班有轨电车在第 i 站出发至行驶到第 $i+1$ 站过程中，第 k 班有轨电车的运行过程。根据相邻两班有轨电车在运行中状态变化的不同时刻分成不同时段，实时分段计算相邻两班有轨电车之间的间隔。任意相邻两班有轨电车间隔随时间的变化如下计算：

$$\Delta s_{S_i,(k,k+1)}(t) = \int_{\tau_{s,S_i}(k+1)}^{t} \big[v_k(t) - v_{k+1}(t) \big] \mathrm{d}t \tag{5-51}$$

其中，$\Delta s_{k,k+1}(t)$ 是关于时间的分段函数，积分上限 t 以两班有轨电车的运行状态变化时刻将上限 t 分成不同时段，每个时段内的两班有轨电车各自的行驶状态不变。

由此可以得出相邻两班有轨电车之间间隔变化的时间函数：

$$d_{S_i,(k,k+1)}(t) = d_{S_i,(k,k+1)} + \Delta s_{S_i,(k,k+1)}(t) \tag{5-52}$$

由以下公式求得两班有轨电车之间的最大间隔 $d_{\max}$ 所在时刻：

$$d_{S_i,(k,k+1)}(t) = d_{S_i,(k,k+1)} + \Delta s_{S_i,(k,k+1)}(t) = d_{\max} \tag{5-53}$$

可以求出两班有轨电车间隔是否处于临界距离 $d_{\max}$，及处于临界距离的时刻 $\tau_{S_i,\max q}(k,\ k+1)$，$q=1,2,\cdots$，对所有的时刻所在时段的 $d_{S_i,(k,k+1)}(t)$ 求导，得出间隔的变化情况，若得到时刻所在时段导数值为正，说明两班有轨电车之间的间隔越来越大，则从导数值为正的第一个时刻起，根据后序车辆的运行状态，进行加速或匀速。

$$\psi''_{S_i}(k+1) = \left\{ \begin{array}{ll} \psi_{\max,S_i}(k), & \text{if } \dfrac{\mathrm{d}\Delta s_{S_i,(k,k+1)}(t)}{\mathrm{d}t} \Big|_{t=\tau_{S_i,\max q}(k,k+1)} > 0 \\[4mm] \psi'_{S_i}(k+1), & \text{else} \end{array} \right\} \tag{5-54}$$

同理，由以下公式求得两班有轨电车之间的最小间隔 $d_{\min}$ 所在时刻，

$$d_{S_i,(k,k+1)}(t) = d_{S_i,(k,k+1)} + \Delta s_{S_i,(k,k+1)}(t) = d_{\min} \tag{5-55}$$

两班有轨电车间隔处于临界距离 $d_{\min}$ 的时刻 $\tau_{S_i,\min p}(k,\ k+1)$，$p=1,2,\cdots$，对所有的时刻所在时段的 $d_{S_i,(k,k+1)}(t)$ 求导，得出间隔的变化情况，若得到时刻所在时段导数值为负，说明两班有轨电车间隔越来越小，则从导数值为负的第一个时刻起，根据后一班车的运行状态，进行匀速或者减速。

$$\psi''_{S_i}(k+1) = \left\{ \begin{array}{ll} \psi'_{S_i}(k+1), & \text{if} \left[\dfrac{\mathrm{d}\Delta s_{S_i,(k,k+1)}(t)}{\mathrm{d}t} \Big|_{t=\tau_{S_i,\min p}(k,k+1)} < 0 \bigcap a \big|_{=\tau_{S_i,\min p}(k,k+1)} = a^- \right] \\[4mm] \qquad \bigcup \dfrac{\mathrm{d}\Delta s_{S_i,(k,k+1)}(t)}{\mathrm{d}t} \Big|_{t=\tau_{S_i,\min p}(k,k+1)} > 0 \\[4mm] \psi''_{S_i,a^+}(k+1), & \text{if} \dfrac{\mathrm{d}\Delta s_{S_i,(k,k+1)}(t)}{\mathrm{d}t} \Big|_{t=\tau_{S_i,\min p}(k,k+1)} < 0 \bigcap a \big|_{=\tau_{S_i,\min p}(k,k+1)} = a^+ \\[4mm] \psi''_{S_i,a_0}(k+1), & \text{if} \dfrac{\mathrm{d}\Delta s_{S_i,(k,k+1)}(t)}{\mathrm{d}t} \Big|_{t=\tau_{S_i,\min p}(k,k+1)} < 0 \bigcap a \big|_{=\tau_{S_i,\min p}(k,k+1)} = 0 \end{array} \right\} \tag{5-56}$$

下面说明 $\psi''_{S_i,a^+}(k+1)$ 及 $\psi''_{S_i,a_0}(k+1)$ 的运行方式。

1) $\psi''_{S_i,a^+}(k+1)$ 运行方式

有轨电车在 $\tau_{S_i,\min p}(k,\ k+1)$ 时刻处于加速状态，且与前一班有轨电车间隔减小，那么有轨电车加速到 $\tau_{S_i,\min p}(k,\ k+1)$ 时刻开始匀速行驶(图 5-8)。

$$\left\{ \begin{array}{l} t'_{\text{总}(S_i,S_{i+1})} = t'_{\text{加}(S_i,S_{i+1})} + t'_{\text{匀}(S_i,S_{i+1})} + t'_{\text{减}(S_i,S_{i+1})} \\[2mm] L_{(S_i,S_{i+1})} = \dfrac{1}{2} a^+ t'^2_{\text{加}(S_i,S_{i+1})} + a^+ t'_{\text{加}(S_i,S_{i+1})} t'_{\text{匀}(S_i,S_{i+1})} + \dfrac{1}{2} a^- t'^2_{\text{减}(S_i,S_{i+1})} \\[2mm] a^+ t'_{\text{加}(S_i,S_{i+1})} = a^- t'_{\text{减}(S_i,S_{i+1})} \\[2mm] t'_{\text{加}(S_i,S_{i+1})} = \tau_{S_i,\min p}(k,k+1) - \tau_{s,S_i}(k+1) \end{array} \right.$$

$$\tag{5-57}$$

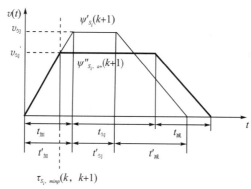

图 5-8　两车站区段间行车间隔运行调整曲线(一)

由以上公式可以计算出有轨电车在该路段所有的时间、速度、距离的参数，不再赘述。

2)$\psi''_{S_i,a_0}(k+1)$运行方式

有轨电车在$\tau_{S_i,\text{min}p}(k,k+1)$时刻处于匀速状态，且与前一班有轨电车间隔减小，那么有轨电车在$\tau_{S_i,\text{min}p}(k,k+1)$时刻开始减速行驶直至达到最小速度(图 5-9)。

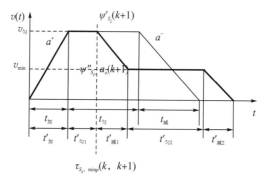

图 5-9　两车站区段间行车间隔运行调整曲线(二)

$$
\left\{
\begin{array}{l}
t'_{\text{总}(S_i,S_{i+1})} = t'_{\text{加}(S_i,S_{i+1})} + t'_{\text{匀}1(S_i,S_{i+1})} + t'_{\text{减}1(S_i,S_{i+1})} + t'_{\text{匀}2(S_i,S_{i+1})} + t'_{\text{减}2(S_i,S_{i+1})} \\[2mm]
L_{(S_i,S_{i+1})} = \dfrac{1}{2}a^+ t'^2_{\text{加}(S_i,S_{i+1})} + a^+ t'_{\text{加}(S_i,S_{i+1})} t'_{\text{匀}1(S_i,S_{i+1})} + \dfrac{(a^+ t'_{\text{加}(S_i,S_{i+1})})^2 - v_{\min}^2}{2a^-} \\[3mm]
\qquad\qquad + v_{\min} t'_{\text{匀}2(S_i,S_{i+1})} + \dfrac{1}{2}a^- t'^2_{\text{减}2(S_i,S_{i+1})} \\[3mm]
v_{\min} = a^+ t'_{\text{加}(S_i,S_{i+1})} - a^- t'_{\text{减}1(S_i,S_{i+1})} \\[2mm]
v_{\min} = a^- t'_{\text{减}2(S_i,S_{i+1})} \\[2mm]
t'_{\text{加}(S_i,S_{i+1})} = t_{\text{加}(S_i,S_{i+1})} \\[2mm]
t'_{\text{匀}1(S_i,S_{i+1})} = \tau_{S_i,\text{min}p}(k,k+1) - \tau_{\text{e-e},S_i}(k+1)
\end{array}
\right\}
$$

(5-58)

可由上述方程组求得有轨电车在各个时段的速度和距离。

5.3.4 交叉口配对调整模型

相关参数与变量如下所示。

d_{pair}：上、下行方向上距离要配对通过交叉口而进行速度调整的临界距离。

$i^{+/-}(k)_{I_{i,j}^+}$：上、下行方向上要配对通过交叉口进行速度调整的起始车站。

$\Delta t'_{S_{i-n_1}^+}(k)$：交叉口配对速度调整上行班次调整时间间隔。

$\Delta t'_{S_{i-n_2}^-}(k+n)$：交叉口配对速度调整下行班次调整时间间隔。

交叉口配对的约束是速度调整过程中相邻两班次之间的间隔大于等于设定的安全距离，并且满足配对约束条件。

选择交叉口速度调整的起始车站为上、下行方向上距离交叉口设定的临界距离 d_{pair} 最近的车站，调整的原则为只调整一个方向上的有轨电车。实际中由于速度的实时调整，可能出现不论调整哪一班有轨电车都不能同时到达交叉口或者通过调整有轨电车会达到最小行车间隔的情况，如果出现这种情况，则放弃交叉口的配对速度调整；否则，尽量加速调整后到交叉口的有轨电车。

对于后到的有轨电车，如果无法将到达交叉口的时间间隔在预定的路段上调整出来，则调整先到的有轨电车，否则以先加速调整后到的有轨电车为原则。

上行第 k 班有轨电车速度开始调整的车站为

$$\left.\begin{array}{l} i^+(k)_{I_{i,j}^+} = S_{i-n_1}^+ \\ d_{I_{i,j}^+}^+ = \min |d_{\text{pair}} - L(S_{i-n_1}^+, I_{i,j}^+)| \\ \forall n_1, \forall d_{I_{i,j}^+}^+ \end{array}\right\} \tag{5-59}$$

$n_1 = 1, 2, \cdots, i$，即上行第 k 班有轨电车到达交叉口要经过 n_1 个车站。

下行第 $k+1$ 班有轨电车速度开始调整的车站为

$$\left.\begin{array}{l} i^-(k+n)_{I_{i,j}^+} = S_{i-n_2}^- \\ d_{I_{i,j}^+}^- = \min |d_{\text{pair}} - L(S_{i-n_2}^-, I_{i,j}^+)| \\ \forall n_2, \forall d_{I_{i,j}^+}^- \end{array}\right\} \tag{5-60}$$

$n_2 = 1, 2, \cdots, i$，即下行第 $k+1$ 班有轨电车到达交叉口要经过 n_2 个车站。

那么，将到达交叉口的时间间隔与做速度及间隔调整得到的时间差值在开始调整的车站相加，即为进行交叉口配对速度诱导的时间差。

$$\Delta t'_{S_{i-n_1}^+}(k) = |\tau_{a, I_{i,j}^+}(k^+) - \tau_{a, I_{i,j}^+}(k+n^-)| + \Delta t_{S_{i-n_1}^+}(k) \tag{5-61}$$

$$\Delta t'_{S_{i-n_2}^-}(k+n) = |\tau_{a, I_{i,j}^+}(k^+) - \tau_{a, I_{i,j}^+}(k+n^-)| + \Delta t_{S_{i-n_2}^-}(k+n) \tag{5-62}$$

根据选择的调整车站的运行计划 ψ' 以及到达交叉口的时间间隔选择速度调整的车辆。

$\tau_{a,I_{i,j}^+}(k^+) - \tau_{a,I_{i,j}^+}(k+n^-) > 0$，即下行车先到交叉口的情况下，速度调整的车辆为

$$(k^+, k+n^-)_{I_{i,j}^+} = \begin{cases} k^+, & \text{if } |\tau_{a,I_{i,j}^+}(k^+) - \tau_{a,I_{i,j}^+}(k+n^-)| \leqslant \sum_{x=1}^{n_1} \Delta t_{\max,(S_{i-y}^+, S_{i-y-1}^+)} \\ \quad \bigcap \Delta s_{S_{i-x}^-,(k^+,k+1^+)}(t) \geqslant d_{\min} \\ k+n^-, & \text{if } \psi''_{S_{i-x}^+}(k^+) = \psi_{\max}(k^+) \bigcap |\tau_{a,I_{i,j}^+}(k^+) - \tau_{a,I_{i,j}^+}(k+n^-)| \\ \quad \geqslant \sum_{y=1}^{n_2} \Delta t_{\min,(S_{i-y}^-, S_{i-y-1}^-)} \bigcap \Delta s_{S_{i-y}^-,(k+n^-,k+n+1^-)}(t) \geqslant d_{\min} \\ 0, & \text{else} \end{cases}$$

(5-63)

同理，$\tau_{a,I_{i,j}^+}(k^+) - \tau_{a,I_{i,j}^+}(k+n^-) < 0$，即上行车先到交叉口的情况下，速度调整的车辆为

$$(k^+, k+n^-)_{I_{i,j}^+} = \begin{cases} k+n^-, & \text{if } |\tau_{a,I_{i,j}^+}(k^+) - \tau_{a,I_{i,j}^+}(k+n^-)| \leqslant \sum_{y=1}^{n_2} \Delta t_{\max,(S_{i-y}^+, S_{i-y-1}^+)} \\ \quad \bigcap \Delta s_{S_{i-y}^-,(k+n^-,k+n+1^-)}(t) \geqslant d_{\min} \\ k^+, & \text{if } \psi''_{S_{i-y}^-}(k+n^-) = \psi_{\max}(k+n^-) \bigcap |\tau_{a,I_{i,j}^+}(k^+) - \tau_{a,I_{i,j}^+}(k+n^-)| \\ \quad \geqslant \sum_{x=1}^{n_1} \Delta t_{\min,(S_{i-x}^-, S_{i-x-1}^-)} \bigcap \Delta s_{S_{i-x}^-,(k^+,k+1^+)}(t) \geqslant d_{\min} \\ 0, & \text{else} \end{cases}$$

(5-64)

其中 $x = 1, 2, \cdots, n_1$；$y = 1, 2, \cdots, n_2$。

当 $k_{I_{i,j}^+} = 0$ 时，代表不论哪一个方向有轨电车的速度调整都会对行车的间隔产生影响，或者有轨电车即使采用最高、最低速度这种极限的运行方式都不能同时到达交叉口，所以此时不调整运行计划方案，按照 ψ' 方式运行。

交叉口速度调整过程中，根据要速度调整的开始的车站、班次及运行的状态 ψ''，得到进行调整的路段，根据两班有轨电车到达交叉口的时间间隔进行调整。对于 $\tau_{a,I_{i,j}^+}(k^+) - \tau_{a,I_{i,j}^+}(k+n^-) > 0$ 的情况，

$$\psi'''_{I_{i,j}^+}(k,k+1) = \begin{cases} \psi''_{\max,S_{i-n_1}}(k^+, \Delta t'_{S_{i-n_1}^+}(k^+) \geqslant \Delta t_{\max(S_{i-n_1}, S_{i-n_1+1})}(k^+)) \to \cdots \\ \to \psi'_{\Delta t S_{i-x}}(k)(k^+), |\Delta t'_{S_{i-x}}(k)| \leqslant \Delta t_{\max(S_{i-x}, S_{i-x+1})}(k)), \text{if}(k^+, k+n^-)_{I_{i,j}^+} = k^+ \\ \psi''_{\min,S_{i-n_2}}(k+n^-, \Delta t'_{S_{i-n_2}^-}(k+n) \geqslant \Delta t_{\min(S_{i-n_2}, S_{i-n_2+1})}(k+n^-)) \to \cdots \\ \to \psi'_{\Delta t S_{i-y}}(k)(k, |\Delta t'_{S_{i-y}}(k)| \leqslant \Delta t_{\min(S_{i-y}, S_{i-y+1})}(k)), \text{if}(k^+, k+n^-)_{I_{i,j}^+} = k+n^- \\ \psi''_{S_{i-n_1}^+} \cdot \psi''_{S_{i-n_2}^-}, & \text{else} \end{cases}$$

(5-65)

对于 $\tau_{a,I_{i,j}^+}(k^+) - \tau_{a,I_{i,j}^+}(k+n^-) < 0$ 的情况，

$$
\psi'''_{I_{i,j}^+}(k,k+1) = \begin{cases}
\psi''_{\min,S_{i-n_1}}(k^+, |\Delta t'_{S_{i-n_1}}(k+n)| \geqslant \Delta t_{\min,(S_{i-n_1},S_{i-n_1+1})}(k)) \to \cdots \\
\quad \to \psi''_{\Delta t_{S_{i-x}}(k)}(k^+, |\Delta t'_{S_{i-x}}(k)| \leqslant \Delta t_{\min,(S_{i-x},S_{i-x+1})}(k)), \text{if}(k^+,k+n^-)_{I_{i,j}^+} = k^+ \\
\psi''_{\max,S_{i-n_2}}(k+n^-, \Delta t'_{S_{i-n_2}}(k+n) \geqslant \Delta t_{\max,(S_{i-n_2},S_{i-n_2+1})}(k+n^-)) \to \cdots \\
\quad \to \psi''_{\Delta t_{S_{i-y}}(k)}(k, |\Delta t'_{S_{i-y}}(k)| \leqslant \Delta t_{\max,(S_{i-y},S_{i-y+1})}(k)), \text{if}(k^+,k+n^-)_{I_{i,j}^+} = k+n^- \\
\psi''_{S_{i-n_1}^+}, \psi''_{S_{i-n_2}^-}, \quad \text{else}
\end{cases}
$$

$$(5\text{-}66)$$

第6章　现代有轨电车智能调度模式方案效益评价

方案效益评价是判断有轨电车智能调度模式优劣的关键性步骤，决策者对有轨电车运行控制方式予以整体评分，评价指标的选取应考虑到模式中所反映的多方效益。本书以实现现代有轨电车的城市公共交通功能为目标，从规范和引导现代有轨电车系统的发展出发，构建现代有轨电车智能调度模式效益评价指标体系，将格序决策理论引入综合权重的计算，使客观权与主观权相结合，保障效益评价过程更加理性化与合理化。

6.1　评价指标体系构建

有轨电车智能调度模式评价的对象是有轨电车系统本身，但是通过本书的前述研究可知，有轨电车系统作为地面公共交通方式，与其所处的交通环境存在有机联系，其运行控制是一个复杂的过程，影响因素较多，评价指标的选取是构建有轨电车智能调度模式效益评价体系的重要一步。

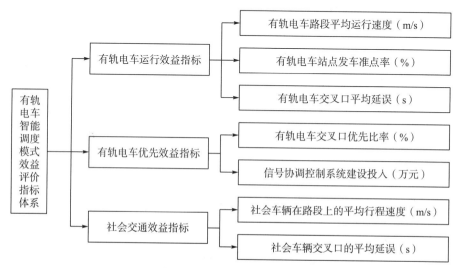

图 6-1　有轨电车智能调度模式效益评价指标体系

评价指标的选取，首先应坚持以尽量少的指标反映最全面和最主要的方案信息；其次，评价指标应方便获取，具有可操作性；最后，各指标间的关联度应控制在最小，从而使评价指标体系更加全面和客观。

本书以第 3 章、第 4 章、第 5 章所建立的运行控制模型为依据，从有轨电车运行效益、有轨电车优先效益、社会交通效益三个方面选取评价指标，如图 6-1 所示。

6.1.1　有轨电车运行效益指标

为了体现公共交通优先的理念，在引入有轨电车系统的过程中，城市管理部门为之配置了较多的交通资源，包括专有路权、信号优先权等，因此有轨电车系统的运行效益反映了特定分配状态下交通资源的利用状态。有轨电车运行效益指标应充分反映有轨电车系统的价值和使用价值。

1. 有轨电车路段平均旅行速度（m/s）

半独立路权条件下，为有轨电车系统提供路段专有路权是为了减少其他交通方式对有轨电车车辆运行的影响，同时为有轨电车车辆的速度诱导提供有利条件，保障计划运行状态的实现。不同的交叉口协调控制策略和运行自适应调整策略，对有轨电车路段平均运行速度的影响效果是不同的。综合而言，其平均行程车速计算公式为

$$\bar{v}_e = \frac{ml}{\sum_{j=1}^{m} t_j} \tag{6-1}$$

式中，$\bar{v}_e$——有轨电车在路段上的平均行程车速；

l——有轨电车在路段上的行驶里程（对于某条运行线路而言，l 为一定值）；

t_j——第 j 班次有轨电车在路段上的行车时间。

2. 有轨电车站点发车准点率（%）

有轨电车车辆的计划停站时间以客流预测结果为依据，但是在实际的运行过程中，停站时间受到实际车站乘降量、交叉口信号控制策略和自适应调整策略的影响，有轨电车车辆在站点发车的准点率在一定程度上反映了智能调度策略的优劣，可通过以下公式进行计算：

$$r_{\mathrm{p}} = \frac{\sum_{i}^{m} n_i}{mN} \tag{6-2}$$

式中，r_{p}——有轨电车站点准点率；

n_i——第 i 次班车的准时到达站点数；

N——有轨电车线路上全部站点数。

3. 有轨电车交叉口平均延误（s）

现代有轨电车普遍采用半独立路权的路权形式，即在路段上设置有轨电车专用车道，不受其他交通方式的干扰，仅在交叉口与社会车辆或行人产生冲突。其交叉口有轨电车的平均延误为

$$\bar{D}_{\mathrm{se}} = \frac{1}{mn} \sum_{i}^{m} \sum_{j}^{n} (T'_{ij} - T_{ij}) \tag{6-3}$$

式中，$\bar{D}_{\mathrm{se}}$——交叉口有轨电车的平均延误；

T'_{ij}——第 i 次班车通过第 j 个交叉口的实际时刻；

T_{ij}——第 i 次班车通过第 j 个交叉口的预定时刻。

6.1.2　有轨电车优先效益指标

1）有轨电车交叉口优先比率（％）

本书所提出的有轨电车信号协调控制策略以保障交叉口整体交通效益为目标，有轨电车车辆在交叉口的优先比率反映了在该种控制策略下，有轨电车车辆经过交叉口时优先信号开启次数与交叉口总数的比值。

2）信号协调控制系统建设投入（万元）

有轨电车信号协调控制系统的建设投入包括硬件和软件两方面，其中，硬件包括隔离设施、检测设备、通信设备、大型处理器、信号机等，软件包括信号协调控制模式代码、人员配备等。在可以达到相同目标的前提下，建设投入越少的方案更优。

6.1.3　社会交通效益指标

1. 社会车辆在路段上的平均行程速度（m/s）

美国道路通行能力手册指出，衡量城市道路服务水平的最佳度量指标为车辆

平均行程速度。由于有轨电车系统的引入造成社会车辆可利用交通资源的减少，对社会车辆的行驶造成一定干扰，反映在车速上就是平均行程速度的变化。因此，平均行程车速可用于自由车流及非自由车流的评价，计算公式为

$$\bar{v}_s = \frac{\sum\limits_{i=1}^{n} l_i}{\sum\limits_{i}^{n} t_i} \tag{6-4}$$

式中，$\bar{v}_s$——社会车辆在路段上的平均行程车速；

$\quad\quad l_i$——第 i 辆车在路段上的行驶里程；

$\quad\quad t_i$——第 i 辆车在路段上的行车时间（包括停车和延误）。

2. 社会车辆交叉口的平均延误（s）

交叉口信号协调控制的实施为有轨电车系统提供优先权，也给与之同方向的社会车辆带来了相应的优先权，但是，垂直方向社会车辆的延误可能增加。因此，本书选取社会车辆在交叉口的平均延误来衡量信号协调控制模式对社会交通效益的影响。

根据 Gerlough 和 Huber 提出的单个信号周期内相位 i 第 j 流向的交通延误方程：

$$D_i = \sum_{j=1}^{m_i} \frac{q_{ij} S_{ij} (C - g_i)^2}{2(S_{ij} - q_{ij})} \tag{6-5}$$

式中，D_i——交叉口一个信号相位的车对应的总的交通延误时间；

$\quad\quad g_i$——信号相位 i 的有效绿灯时间；

$\quad\quad q_{ij}$——信号相位 i 流向 j 的车辆均匀到达率；

$\quad\quad S_{ij}$——相位 i 第 j 流向的车道的饱和流率；

$\quad\quad m_i$——第 i 信号相位的交通流向数。

考虑到路段上各个交叉口的信号相位不完全相同，因而对于某特定交叉口，其社会车辆的平均延误时间为

$$\bar{D}_s = \frac{1}{Q} \sum_{i=1}^{M} \sum_{j=1}^{m_i} \frac{q_{ij} S_{ij} (C - g_i)^2}{2(S_{ij} - q_{ij})} \tag{6-6}$$

式中，$\bar{D}_s$——交叉口社会车辆的平均延误时间；

$\quad\quad Q$——交叉口单个周期内的交通量；

$\quad\quad M$——某交叉口的相位数。

6.2   评价模型的建立

6.2.1   评价理论简介

长期以来，管理学家及学者均认为对各方案进行良好评价的前提是：理性决策者的偏好关系应该满足连通性公理，即要求决策者明确确定方案中的每个评价元素的优劣次序[62]。然而，面对实际问题时，受限于决策环境的复杂性和决策者自己认知水平等因素，决策者很难对评价方案进行全序刻画，连通性公理并不一定总是得到满足。因此，选取不依赖连通性公理的决策或评价方法就显得尤为重要。

20世纪30年代，国外学者提出一种较为普遍的序结构——格，这种序结构不需要偏序集中每两个元素都可以进行比较，而只要求任意两个元素具有上界限和下界限，即不需要偏序集满足连通性公理[63]。在实际决策或者评价过程中，决策者对决策后果的偏爱程度时常是模糊的、不确定的，运用格序结构，可以将其合理有序化、结构化，在此基础上进行科学的分析及理性的评价与决策。格序比全序可更真实地反映决策者的偏好结构[64]，其优势在于，一方面弱化了连通性公理，从而使该理论适用范围更广，另一方面还保证了任意两个元素之间的关系，故而是一种比较完美的决策和评价方法。

格序决策的主要过程为：

①首先为消除各评价指标单位与量纲的非统一性及不可公度性，需对各指标数据进行无量纲化处理，无量纲化后的数据可视为决策者在各个指标上对不同方案的满意度。在进行指标权重刻画时，需考虑决策者个人的主观偏好性及指标数据的客观离散性；

②将各决策信息有效融合，构造方案集决策矩阵。在此基础上选取各指标中的极大集与极小集构成正负理想解，并将其分别视作顶元素与底元素，作为两项虚拟方案(用格理论知识可证明虚拟方案的引入并不改变原方案集中元素间的序关系)，同时将决策方案集扩展为格；

③最后，采用欧氏距离来度量决策方案与顶元素、底元素之间的差异，决策原则为方案与顶元素的距离越小越好而与底元素的距离越大越好。

6.2.2   指标的无量纲化处理

为便于后续讨论，设评价方案数为 m，评价指标数为 n，则各方案指标评测

矩阵为

$$P = \begin{matrix} & D_1 & D_2 & \cdots & D_n \\ G_1 & \begin{bmatrix} P_{11} & P_{12} & \cdots & P_{1n} \\ P_{21} & P_{22} & P_{23} & P_{2n} \\ \vdots & \vdots & \vdots & \vdots \\ P_{m1} & P_{m2} & P_{m3} & P_{mn} \end{bmatrix} \end{matrix} \tag{6-7}$$

式中，P_{ij}——方案 G_i 相对指标 D_j 的评价值。

由于不同的指标具有不同单位，缺乏公度性，故需对指标评测数据进行无量纲化处理。其处理过程如下：

正向型指标化为

$$p'_{ij} = \begin{cases} 1 & p_{ij} > U_j \\ \dfrac{p_{ij}}{B_i} & 0 \leqslant p_{ij} \leqslant U_j \end{cases} \tag{6-8}$$

负向型指标化为

$$p'_{ij} = \begin{cases} 1 & p_{ij} < L_j \\ \dfrac{U_j - p_{ij}}{U_j - L_j} & 0 \leqslant p_{ij} \leqslant U_j \\ 0 & p_{ij} > U_j \end{cases} \tag{6-9}$$

适中型指标为

$$p'_{ij} = \begin{cases} \dfrac{p_{ij} - M_j}{U_j - M_j} & M_j \leqslant p_{ij} < U_j \\ \dfrac{M_j - p_{ij}}{M_j - L_j} & L_j < p_{ij} < M_j \\ 0 & p_{ij} \leqslant L_j \text{ 或 } p_{ij} \geqslant U_j \end{cases} \tag{6-10}$$

区间型指标为

$$p'_{ij} = \begin{cases} 1 & M_j^1 \leqslant p_{ij} \leqslant M_j^2 \\ \dfrac{p_{ij} - L_j}{M_j^1 - L_j} & L_j \leqslant p_{ij} \leqslant M_j^1 \\ \dfrac{U_j - p_{ij}}{U_j - M_j^2} & M_j^2 < p_{ij} \leqslant U_j \\ 0 & p_{ij} < L_j \text{ 或 } p_{ij} > U_j \end{cases} \tag{6-11}$$

式中，p'_{ij}——无量纲化处理后的评价值；

　　　B_i——评价指标参数；

　　　U_j——指标上限；

L_j——指标下限；

M_j、M_j^1、M_j^2——指标中间值。

6.2.3　权重的确定

目前国内外计算权重的方法主要有主观判断与客观分析两类。主观判断法是专家根据自身经验对客体进行分析，实现定性向定量的转换，其缺点是过度依赖于专家经验。而客观分析法则是通过对各指标数据的分析，确定权重系数的大小，其缺点忽视了专家的知识与经验，计算结果有较大偏差[65]。鉴于上述不足，本书将上述两类方法用组合法予以有效结合。现对其过程予以详细阐述。

1. 客观离散度权

设评价指标客观离散度权向量为 $w^* = (w_1^*, w_2^*, \cdots, w_n^*)$，且 $\sum_{j=1}^n (w_j^*)^2 = 1$，$\lambda_{ij}(w_j^*)$ 表示第 i 个评价方案的第 j 个指标与该指标其他方案评价值的离差之和，即

$$\lambda_{ij}(w_j^*) = \sum_{k=1}^m w_j^* |p_{ij} - p_{kj}| \tag{6-12}$$

$\lambda_j(w_j^*)$ 表示在第 j 个评价指标下，所有评价方案的总离差，即

$$\lambda_j(w_j^*) = \sum_{j=1}^m \lambda_{ij} = \sum_{i=1}^m \sum_{k=1}^m w_j^* |p_{ij} - p_{kj}| \tag{6-13}$$

根据离差最大化确定权重的原理，评价指标的权重应该使所有评价指标的总离差最大，即使 $\sum_{i=1}^n \lambda_j(w_j^*)$ 最大。

构造目标规划：

$$\begin{cases} F(w_j^*) = \sum_{i=1}^n \lambda_j(w_j^*) = \sum_{j=1}^n \sum_{i=1}^m \sum_{k=1}^m w_j^* |p_{ij} - p_{kj}| \\ \text{st.} \sum_{j=1}^n (w_j^*)^2 = 1, w_j \geqslant 0 \quad (j = 1, 2, \cdots, m) \end{cases} \tag{6-14}$$

解此目标规划，得最优解并对其归一化处理，得权重为

$$w_j^s = \frac{w_j^*}{\sum_{j=1}^n w_j^*} = \frac{\sum_{i=1}^m \sum_{k=1}^m w_j^* |p_{ij} - p_{kj}|}{\sum_{j=1}^n \sum_{i=1}^m \sum_{k=1}^m w_j^* |p_{ij} - p_{kj}|} (j = 1, 2, 3, \cdots, n) \tag{6-15}$$

得客观权向量为 $w^s = (w_1^s, w_2^s, \cdots, w_n^s)$。

2. 主观重要度权

可运用 AHP 层次分析法对专家的定性评判进行处理，有关 AHP 层次法的相关处理方法已经比较成熟，现将其简述如下：

①建立递阶层次结构，把复杂问题分解成为元素与各组成部分；

②构造比较判断矩阵；

③单一因素下元素相对权重计算；

④判断矩阵 A 的一致性检验；

⑤评价指标合成权重的确定。

经过以上步骤处理后得主观权向量为 $w^0 = (w_1^0,\ w_2^0,\ \cdots,\ w_n^0)$。

3. 总权重的合成

某项指标的总权重应与主观权与客观权相关，出于这一考虑，定义总权向量为

$$w = (w_1, w_2, \cdots, w_m) \tag{6-16}$$

其中，

$$w_j = \frac{w_j^s w_j^0}{\sum\limits_{j=1}^{n} w_j^s w_j^0} (j = 1, 2, 3, \cdots, n) \tag{6-17}$$

6.2.4　决策阵的计算

定义算子 $d_{ij} = w_j \cdot p'_{ij}$，则决策矩阵可写为

$$\boldsymbol{D} = \begin{bmatrix} d_{11} & d_{12} & \cdots & d_{1n} \\ d_{21} & d_{22} & \cdots & d_{2n} \\ \vdots & \vdots & \vdots & \vdots \\ d_{m1} & d_{m2} & \cdots & d_{mn} \end{bmatrix} \tag{6-18}$$

6.2.5　方案排序

依据格序相关理论，正理想解为

$$M^+ = (\max_{i=1}^{m} d_{i1}, \max_{i=1}^{m} d_{i2}, \cdots, \max_{i=1}^{m} d_{in}) \tag{6-19}$$

负理想解为

$$M^- = (\min_{i=1}^{m} d_{i1}, \min_{i=1}^{m} d_{i2}, \cdots, \min_{i=1}^{m} d_{in}) \tag{6-20}$$

正负理想解间欧氏距离为

$$L = \sqrt{\sum_{j=1}^{n} (\max_{i=1}^{m} d_{ij} - \min_{i=1}^{m} d_{ij})^2} \tag{6-21}$$

方案 i 与正负理想结间欧氏距离为

$$L_i^+ = \sqrt{\sum_{j=1}^{n} (\max_{k=1}^{m} d_{kj} - d_{ij})^2} \tag{6-22}$$

$$L_i^- = \sqrt{\sum_{j=1}^{n} (d_{ij} - \min_{k=1}^{m} d_{kj})^2} \tag{6-23}$$

定义方案 i 的综合差异值为

$$L_i = q \frac{L_i^-}{L} + (1-q) \frac{L_i^+}{L} \tag{6-24}$$

其中，q 为乐观系数($0 < q < 1$)，可由专家主观给出，依据方案贴近度 $L_i(i=1, 2, \cdots, m)$ 的大小，可以实现对各方案优劣排序。

参 考 文 献

[1]姚之浩. 国外有轨电车交通的发展与启示[J]. 上海城市规划. 2010, (6): 69—72.

[2]毛保华. 城市轨道交通系统运营管理[M]. 北京: 人民交通出版社, 2006.

[3]秦国栋, 苗彦英, 张素燕. 有轨电车的发展历程与思考[J]. 城市交通, 2013(4): 6—12.

[4]К. Я. 亚历山大, Н. А. 鲁德涅娃. 城市快速轨道交通[M]. 北京: 中国建筑工业出版社, 1982: 40
—42.

[5]Nabil Semaan, Tarek Zayed. A stochastic diagnostic model for subway stations[J]. Tunneling and
Underground Space Technology, 2010, 25(1): 32—41.

[6]Steven E. Transportation/land use relationship: public transit's impact on land use[J]. Journal of Urban
Planning and Development, 2009, 30(8): 29—35.

[7]Vladimir Marianov, Daniel Serra. Location of hubsina competetitive envionment[J]. European Journal of
Operational Research, 2005, 23(3): 121—129.

[8]加藤·晃, 竹内传史. 城市交通和城市规划[M]. 江西省城市规划研究所译. 南昌: 江西省城市规划研
究所, 2000: 23.

[9]Bates E. A Study of Passenger Transfer Facilities[M]. TRR Publication, 1998: 662.

[10]I. S. J. Dickins. Park and ride facilities on light rail transit systems[J]. Transportation, 2001, 18: 23
—36.

[11]李明, 王海霞. 轨道交通车站客流预测模型研究[J]. 铁道工程学报, 2009, (3): 67—69.

[12]李三兵. 城市轨道交通车站客流特征与服务设施的关系研究[D]. 北京: 北京交通大学, 2009.

[13]张成. 城市轨道交通客流特征分析[D]. 成都: 西南交通大学, 2006.

[14]王宇萍. 城市轨道交通换乘站点客流预测及规模确定方法研究[D]. 哈尔滨: 哈尔滨工业大学, 2010.

[15]吴倩. 城市轨道交通客流分担率模型分析[J]. 交通标准化, 2009, (21): 52—54.

[16]孙松伟. 城市轨道交通客流预测模型及方法研究[D]. 成都: 西南交通大学, 2008.

[17]李际胜. 现代有轨电车系统简介[C]. 天津土木工程年会. 2005: 3.

[18]李冀侃, 方守恩. 有轨电车延伸线客流预测方法在法国的实践[J]. 交通与运输(学术版), 2007(01):
60—63.

[19]靳朝阳. 城市轨道交通客流预测敏感性分析[D]. 西安: 长安大学, 2014.

[20]陈满达, 李晓龙. 基于历史数据和时间系数的城市轨道站点客流预测[J]. 佳木斯大学学报(自然科学
版), 2012, (02): 201—204.

[21]邓浒楠, 朱信山, 张琼, 等. 基于多核最小二乘支持向量机的短期公交客流预测[J]. 交通运输工程与
信息学报, 2012, (02): 84—88.

[22]许俊, 王登, 李晨毓, 等. 基于动态反馈神经网络的城市轨道交通短期客流预测[J]. 现代交通技术,
2014, (05): 43—46.

[23]邹巍, 陆百川, 邓捷, 等. 基于遗传算法与小波神经网络的客流预测研究[J]. 武汉理工大学学报(交
通科学与工程版), 2014, (05): 1148—1151.

[24]顾杨, 韩印, 方雪丽. 基于 ARMA 模型的公交枢纽站客流量预测方法研究[J]. 交通信息与安全, 2011, (02): 5—9.

[25]金豫杰, 罗文广. 基于 BP 神经网络的公路隧道交通量预测[J]. 广西工学院学报, 2005, (S3): 31—34.

[26]杨军, 侯忠生. 基于小波分析的最小二乘支持向量机轨道交通客流预测方法[J]. 中国铁道科学, 2013, (03): 122—127.

[27]陈剑龙. 基于灰色理论的成渝城际铁路客流预测[J]. 中国新技术新产品, 2009, (14): 108.

[28]张春辉, 宋瑞, 孙杨. 基于卡尔曼滤波的公交站点短时客流预测[J]. 交通运输系统工程与信息, 2011, (04): 154—159.

[29]郑列, 宋正义. 伪随机数生成算法及比较[J]. 湖北工业大学学报, 2008, (05): 65—68+88.

[30]马万经, 杨晓光. 公交信号优先控制策略研究综述[J]. 中国城市交通, 2010, 8(6): 70—78.

[31]Lehtonen M, Kulmala R. Benefits of pilot implementation of public transport signal priorities and real-time passenger information [J]. Transportation Research Record: Journal of the Transportation Research Board, 2002, 1799(1): 18—25.

[32]Kuby M, Barranda A, Upchurch C. Factors influencing light-rail station boardings in the United States [J]. Transportation Research Part A: Policy and Practice, 2004, 38(3): 223—247.

[33]Priemus H, Konings R. Light rail in urban regions: what dutch policy makers could learn from experiences in France, Germany and Japan[J]. Journal of Transport Geography, 2001, 9(3): 187—198.

[34]Furth P G, Muller T H J. Conditional bus priority at signalized intersections: better service quality with less traffic disruption[J]. Transportation Research Record, 2000(1731): 23—30.

[35]Liu Hongchao, Alexander Skabardonis, Zhang Weibin. A dynamic model for adaptive bus signal priority [DB/CD]. Washington DC: TRB, National Research Council, 2003.

[36]李凯, 毛励良, 张会, 等. 现代有轨电车道口信号配时方案研究[J]. 都市快轨交通, 2013 (2): 104—107.

[37]李盛, 杨晓光. 现代有轨电车与道路交通的协调控制方法[J]. 城市轨道交通研究, 2005, (04): 57—60.

[38]江志彬, 徐瑞华. 信号被动优先条件下的有轨电车运行图编制优化[J]. 交通运输工程学报, 2016, (03): 100—107.

[39]刘欢, 李文权. 城市公交调度中满载率问题的研究[J]. 交通运输工程与信息学报, 2008, (04): 104—109.

[40]Szpigel B. Optimal train scheduling on a single line railway[J]. Operation Research, 1973, 20(7): 344—351.

[41]Sauder R, Westerman W. Computer aided train dispatching: decision support through optimization[J]. Interfaces, 1983, 13(2): 24—37.

[42]Kuo Guo, Hong-ze Xu, Peng Zhou . Optimization model and algorithm for modern tram operation plan adjustment[J]. Electrical, Information Engineering and Mechatronics 2011, Lecture Notes in Electrical Engineering 138.

[43] Natalia Kliewer, Taïeb Mellouli, Leena Suhl. A time-space network based exact optimization model for multi-depot bus scheduling[J]. European Journal of Operational Research, 2006, 175(3): 1616—1627.

[44]Petersen E R. Over-the-road transit time for a single track railway [J]. Transportation Science, 1974, 8(1): 65-74.

[45]Carey M, Kwiecinski A. Stochastic approximation to the effects of headways on knock-ondelays of trains [J]. Transportation Research Part B: Methodological, 1994, 28(4): 251-267.

[46]Özekici S, Sengör S. On a rail transportation model with scheduled services[J]. Transportation Science, 1994, 28(3): 246-255.

[47]Petersen E R, Taylor A J. Design of single-track rail line for high-speed trains[J]. Transportation Research Part A: General, 1987, 21(1): 47-57.

[48]Liden T. The new train traffic simulation program[J]. ASU Newsletter, 1993, 21(2): 2-15.

[49]Yu C. A network-based train traffic simulation with changeable rescheduling strategies[C]. Parallel Architectures, Algorithms, and Networks, 1996: 214-220.

[50]Takagi H. Queuing analysis: a foundation of performance evaluation[J]. Sigmetrics Performance Evaluation Review, 1991, 19(2): 65-76.

[51]Gross D, Shortle J F, Thompson J M, et al. Fundamentals of queueing theory[M]. Hoboken: John Wiley &Sons, 2013.

[52]Schöbel A. A model for the delay management problem based on mixed-integer-programmingt [J]. Electronic Notes in Theoretical Computer Science, 2001, 50(1): 1-10.

[53]Yuan J, Hansen I A. Optimizing capacity utilization of stations by estimating knock-on trained lays[J]. Transportation Research Part B: Methodological, 2007, 41(2): 202-217.

[54]Yuan J. Dealing with stochastic dependence in the modeling of train delays and delay propagation[C]. 2007: 3908-3914.

[55]Murali P, Dessouky M, Ordonez F, et al. A delay estimation technique for single and double-track Railroads[J]. Transportation Research Part E: Logistics and Transportation Review, 2010, 46(4): 483-495.

[56]Wallander J, Makitalo M. Data mining in rail transport delay chain analysis [J]. International Journal of Shipping and Transport Logistics, 2012, 4(3): 269-285.

[57]马作泽. 现代有轨电车地面运行控制系统原理样机研制[D]. 北京：北京交通大学, 2012.

[58]王一喆, 刘洋东. 基于车路协同技术的现代路面电车速度引导和信号优先控制系统[Z]. 广州：2014, 11.

[59]高军. 基于模糊预测的有轨电车ATP系统的研究[D]. 兰州：兰州交通大学, 2014.

[60]王瑞峰, 牛彦霞, 罗淼. 免疫粒子群算法在城市有轨电车运行调整中的应用研究[J]. 计算机应用研究, 2014(12): 3609-3612.

[61]路飞, 宋沐民, 田国会. 基于多智能体的地铁列车运行调整方法[J]. 中国铁道科学, 2007, (01): 123-126.

[62]郝光. 模糊多目标格序决策及对称矩阵对策[D]. 成都：西南交通大学, 2004.

[63]郭春香, 郭耀煌. 格序决策的格序化研究[J]. 系统工程理论方法应用, 2004, 13(5): 463-466.

[64]黄天民, 徐扬, 赵海良, 等. 格序引论及其应用[M]. 成都：西南交通大学出版社, 1998.

[65]刘玉增, 钱丙益. 轨道交通线网方案比选的多目标格序决策方法[J]. 交通运输工程学报, 2011, (05): 76-82.